KB213195

Warren Gamaliel Harding

워렌 하딩

Contents

하딩

플로렌스

들어가며

　국민은 후보자들 중 과연 누가 사적인 욕심을 채우지 않고 주어진 문제를 잘 해낼 수 있는가에 집중해 대통령을 선택합니다. 또한 자신이 선택한 대통령이 자신뿐만 아니라 국가와 사회를 위해 현안을 잘 해결하고 미래 발전을 위해 무한한 노력을 할 것이라 생각합니다. 그래서 대부분의 국민은 한 번도 소송을 심리해본 적이 없는 변호사를 고용한다거나 경험이 없는 외과의사에게 자신의 몸을 맡기지 않는 것과 마찬가지로 경험과 능력이 부족한 사람을 대통령으로 선택하지 않습니다.

　그러나 종종 국민들은 부지불식간에 경험도 부족하고 능력도 부족한 사람을 대통령으로 선택합니다. 문제는 국민이 대통령을 선택할 시점에는 그가 어느 정도의 경험이 부족한지 능력이 어떻게 부족한지를 잘 모른다는 사실입니다. 그럼에도 국민은 자신이 선택한 대통령을 노련한 변호사이자 능력 있는 마다스의 손을 가진 외과의사라 여깁니다. 그래서 대통령을 선택하는 순간 어느 정도의 행복감을 느끼고 무조건의 지지와 찬사를 보냅니다. 하지만 그 행복은 모호한 것입니다. 시간이 지나고 그것이 역사가 되어 돌아올 때 국민은 비로소 그 선택이 잘못되었다는 것을 확인하곤 합니다. 때로는 몹시도 후회하고 자신의 선택을 저주하다시피 해서 잘못을 벗어나려 합니다. '저에게는 다음 칸이 있습니다'라고 외치는 지하철의 용기 있는 외판원처럼 '나에게는 다음 선거가 있습니다'라고 자위하지만 … 글쎄요? 다음 선거 때는 제대로 된, 정말 후회하지 않을 투표를 할 수 있을까요?

역사적인 관점에서 미국 대통령의 리더십을 공부한 저는 다음과 같은 질문을 하고 싶습니다. 대통령을 선택한 국민의 잘못인가요? 아니면 선택받은 대통령의 잘못인가요? 대통령의 리더십을 공부하는 입장에서 나는 단연코 후자에게 그 책임을 물리고 싶습니다. 왜냐하면 민주주의 국가에서 국민들의 선택이 잘못될 수 있는 조건이 너무나 많기 때문입니다. '누가 이 나라를 가장 잘 이끌어가면서 국민을 행복하게 만들어줄 것인가?' 누군가를 선택하는 것은 국민의 몫이지만 현실에서 판을 흐리게 하는 요인이 상존하고 있습니다. 학연, 지연, 혈연, 이념

등으로 대표되는 연고주의가 그것입니다. 이데올로기 갈등과 세대갈등도 중요한 요소입니다. 정의냐, 경제냐, 도덕이냐 등의 시대정신을 둘러싼 갈등도 있습니다. 민주국가의 선거제도는 국민이 최선의 선택이 아니라 차악(次惡)을 선택할 수밖에 만드는 경우도 있습니다. 그러나 이러한 조건은 국민을 행복하게 만들어준 대통령을 선택할 시기에도 완전히 소멸되지 않았습니다. 성공한 대통령을 선택한 시점에도 국민의 판단을 흐리게 하는 요인이 존재했다는 뜻입니다.

국민을 행복하게 만드는 대통령들 중 국민적 합의에 의해 선출된 조지 워싱턴을 제외한 나머지 4명이 대통령으로 선택될 당시에는 연고주의, 이데올로기, 세대갈등, 시대정신 등등이 작건 크건 작용했습니다. 링컨은 남부 지역 주에서 단 한 곳의 지지를 받지 못했습니다. 프랭클린 루즈벨트는 '뉴딜'이라는 새로운 시대정신을 바탕으로 대통령에 당선되었습니다. 케네디 역시 '뉴프런티어'라는 새로운 시대정신이 대통령 당선에 근간이 되었습니다. 레이건은 보수주의의 이데올로기를 바탕으로 대통령에 당선되었습니다.『국민을 행복하게 만드는 대통령들』에 잘 설명되어 있습니다.

문제는 국민들의 선택이 잘못이 아니라는 점입니다.

우리가 야구를 할 때 3할대 타자라면 최고의 타자라고 말합니다. 열 번 날아오는 공을 단지 세 번 쳐내는 것입니다. 국민의 선택은 그 어떤 이유였든 올바르지 않은 선택이 될 수도 있고 올바른 선택이 될 수도 있습니다. 그러므로 국민을 행복하게 만들거나 불행하게 만드는 것은 국민의 선택에 달려 있는 것이 아니라 대통령으로 선택된 사람의 리더십에 달려 있습니다.

　조직의 직제 상 이른바 '통령'이라는 직책이 있습니다. 통령은 그야말로 지역, 조직, 정치이 파들 등을 대표하는 사람을 말합니다. 하지만 '대통령'은 특정 지역이나 조직, 정치이념, 정 파가 아니라 국가 전체를 대표하는 사람입니다. 그래서 대통령인 것입니다. 비록 특정지역과 조직에 의해 대통령에 당선되었더라도 일단 대통령이 되고 나면 그를 지지하지 않았던 사람 역시 대통령이 함께 해야 할 한 식구입니다. 그러니 대통령은 국민과 더불어 성취해야 할 목표를 위해 배우고, 교육하고, 상호 신뢰하고, 협조하며, 솔선수범하고, 혁신해가야만 합니다. 이런 대통령은 국민을 행복하게 만들어 줍니다. 워싱턴, 링컨, 프랭클린 루즈벨트, 케네디, 레이건 등이 그런 대통령입니다. 국가를 대표하는 대통령은 너무나 당연하게도 이러한 가치를 두루 겸비해야 합니다.

시간이 지나고 많은 것이 역사가 된 현시점에 보았을 때 국민을 행복하게 만든 대통령이 있는 반면에, 국민을 불행하게 만든 대통령도 있습니다. 이에 대해서는 『이런 대통령 뽑지 맙시다』에서 살펴본 바와 같이 이 책은 대통령에 관한 모든 평가에서 최악의 평가를 받고 있는 대통령에 대한 이야기가 중심이 될 것입니다.

2009년은 링컨 탄생 100주년이었습니다. 더불어 한국에서 미국 역사를 공부하는 사람들의 모임인 '한국미국사학회' 창립 20주년이었습니다. 이를 기념해 학회는 미국 대통령 중 '성공한 대통령 10인'을 선정하여 기념총서를 출간한 바가 있습니다. 이 때 각 대통령을 대표하는 전문가를 구성해 집필했습니다. 필자는 당시 이일을 진행하는 총괄편집자 역할을 담당해 적지 않은 보람을 느꼈습니다.

그 후로 필자에게는 약 10여 년이 지나고 언젠가 해보고 싶은 일이 하나 더 생겼습니다. '실패한 대통령 10인'을 골라 그들이 누구이며 왜 실패 했다는 평가를 받는지 구체적으로 살펴보는 것입니다. 역사의 기능에서 가장 중요한 '포폄(褒貶)'의 역할을 할 수 있으리라 생각했기 때문입니다. 나아가 우리나라에도 실패한 대통령을 닮지 않은 성공한 대통령이 나오게 하는 작은 씨알이 되리라 굳게 믿습니다.

출판계에 어려움이 더해지고 있습니다. sns가 활성화되고 있는 현실에서 종이 출판 세계가 생명을 다해가는 느낌입니다. 그럼에도 선뜻 부족한 원고를 책으로 만들어 주신 '두루출판사'에 깊은 감사를 드립니다.(벤저민 해리슨, 프랭클린 피어스, 리처드 닉슨의 들어가며)

'국민을 불행하게 만든 대통령 시리즈'에 워렌 하딩을 선정하며

이번 대통령은 워렌 하딩입니다.

시리즈 1의 벤저민 해리슨은 '서리에 시들어버린 피튜니아' 같은 사람이었습니다. 해리슨은 국민과 국정을 위해 자주 만나야만 하는 장관은 물론 참모와도 거의 소통하지 않았습니다. 제한적인 능력을 가진 해리슨은 자신을 대통령으로 만들어 준 세력이 원하는 것을 그저 수용하기만 했습니다. 정치철학이나 시대정신에 의해 정책을 펼친 것이 아니라 공화당 정치보스가 요구하는 대로만 결정했습니다. 그것으로 끝이었습니다. 이른바 '소통부재'의 달인이었습니다.

시리즈 2의 프랭클린 피어스는 '대통령'이라기보다 '통령'이었습니다. 대통령이 되기 전까지는 누구나 자신이

속해 있는 지역과 정당과 정파와 이데올로기에 집착할 수 있습니다. 하지만 대통령이 되면 그는 자신의 정당과 정파에서 벗어나야만 합니다. 자신을 반대하는 사람도 포용해야만 하는 같은 국민이기 때문입니다. 하지만 피어스는 대통령 임기 내내 민주당과 남부와 백인 편만 들었습니다. 피어스의 편파적인 정책은 '유혈의 켄자스'를 넘어 미국역사 최대의 비극인 '남북전쟁'을 촉발시키는 원인이 되었습니다.

시리즈 3의 리처드 닉슨은 국민을 거짓과 위선으로 상대한 협잡꾼이었습니다. 몇몇은 일찍부터 닉슨의 거짓과 위선을 인식하고 있었지만 대다수의 미국국민은 그의 현란한 말과 정치가로서의 뛰어난 업적에 진실된 모습을 볼 수 없었습니다. 자신의 의지와 판단대로 닉슨은 베트남 전쟁 종결, 중국과 소련과의 수교, 핵무기 감축, 그리고 자연환경 보호 정책 등에 있어 큰 업적을 남겼습니다. 닉슨은 뛰어난 지적 능력과 정치적 능력으로 이러한 업적을 남겼지만 그것은 어디까지나 국가와 국민을 위한 것이라기보다 자신의 영광을 위한 것이었습니다. 닉슨은 자신의 영광에 방해되는 것이라면 그것이 무엇이든 대통령의 힘으로 파괴시켜 버리는 참으로 무서운 사람이었습니다. 닉슨은 그런 파괴공작을 거짓과 위선으로 감추었습니다.

시리즈 4의 워렌 하딩은 대통령으로서의 능력과 자질이 턱없이 부족했습니다. 능력과 자질이 부족하다는 사실을 자신도 알고 있었지만 이를 개선하고 발전시키려는 노력을 조금도 하지 않았습니다. 하딩은 평균 몸무게가 2.28g, 몸길이는 5.82㎝에 불과한 꼬마벌새가 거대한 독수리 날개를 단 형국이었습니다. 오하이오의 작은 작은 마을인 마리온 시장 직에 적합한 사람이 미국의 대통령이 되었으니 말입니다. 하딩은 대통령에 당선되고 난 후 뒤를 돌아보며 사람들에게 "자 이제 무엇을 하지요"라고 말했다고 합니다. 아이고…. 누구든지 능력과 자질이 부족할 수 있습니다. 문제는 부족한 능력과 자질을 개선하고 향상시키고자하는 노력을 전혀 하지 않았다는 점입니다. 하딩이 국민을 불행하게 만든 진짜 이유는 바로 여기에 있습니다.

자! 미국 제29대 대통령인 워렌 하딩이 왜 국민을 불행하게 만든 대통령인지 지금부터 알아보시지요.

2024년

01

1920년 공화당 전당대회

도요새와 조개가 싸우다

참을 수 없는 더위가 시카고를 덮쳤다. 치솟은 온도가 모든 것을 태우는 듯 했다. 사람들은 미국 중서부지역의 이런 전형적인 날씨를 옥수수 날씨라 불렀다. 옥수수가 성장하는 데는 좋은 날씨였지만 대통령 후보를 뽑는 데 는 전혀 적합하지 않았다.

공화당 전당대회에 참석한 대의원들은 헛간과도 같은 일리노이주 시카고 체육관 안에서 찌는 듯한 더위에 녹 초가 되어 갔다. 그들은 정치적 교착상태에 빠져 다가오 는 대통령 선거에 내보낼 후보를 선택하지 못하고 있었 다. 1920년 6월 8일 화요일에 시작된 전당대회는 찜통 같은 더위 속에서 꼬박 4일을 씨름했지만 후보를 결정하 지 못했다. 11일 금요일 밤, 밤이 깊었지만 온도는 떨어 지지 않고 있었다. 대의원들은 체육관을 떠나 더위를 식 히고 자신들의 문제를 해결하기 위해 근처에 있는 블랙 스톤 호텔로 모여들었다. 지역별로 소규모 그룹별로 모 인 대의원들은 어떻게 하면 이 난제를 마무리 짓고 집으 로 돌아갈 수 있는지를 논의했다.

6월 8일 공화당 전당대회가 시작되자 후보군이 발표되었다. 무려 29명이 공화당 대통령 후보가 되겠다고 등록했다. 미국 대통령 선거 역사상 주요 정당에서 가장 많은 후보군이었다. 그도 그를 것이 1920년 선거는 후보만 되기만 하면 당선될 가능성이 분명했기 때문이기도 했다. 당시 유권자 대부분은 오랜 전쟁과 효과 없는 세계 십자군을 주도하는 민주당에 지쳐 있었기 때문이었다. 투표가 진행되면서 많은 후보가 떨어져 나갔다. '본선보다 예선이 더 어렵다'는 말에 해당되는 경우였다.

처음부터 선두주자는 육군 참모총장 출신으로 오랫동안 시어도어 루즈벨트 전 대통령과 관계가 깊어 공화당 내 혁신파의 지지를 받고 있는 레너드 우드Leonard Wood와 일리노이 주지사 출신으로 당내 보수파의 지지를 받고 있는 프랭크 로우던Frank O. Lowden였다. 여기에 캘리포니아주 상원의원 출신의 히람 존슨Hiriam Johnson 역시 무시할 수 없는 후보였다. 여러 후보 중 워렌 하딩은 중소후보군에 속한 후보로 첫 투표에서 6위에 지나지 않았다. 공화당 대통령 후보를 선출하는 선거 레이스가 한창이던 지난 4월에 하딩은 고향인 오하이오주와 인디애나주 예비선거에서 약간의 대의원만 확보하고 있을 뿐이었다. 전국의 예비선거가 끝나갈 무렵 『뉴욕 타임즈The New York Times』는 하딩은 선거에서 실패할 것이라 예견했다.

> 하딩은 경선과정에서 떨어질 것이다. 비록 그의 이름이
> 전당대회에 등장하기는 하겠지만 … 모든 사람들이 그가
> 후보로 적합하지 않다는 것을 알 것이다.[1]

4차 투표에서 우드는 314.5표를 얻고 로우던은 289표
를 얻었다. 대통령 후보가 되기 위해서는 전체 대의원 수
984명 중 과반이상인 493표를 얻어야만 했다. 선두 두
후보는 약진을 했는데 하딩은 61.5표를 얻어 1차 투표에
서 얻은 65.5표보다 적은 표를 얻었다. 전당대회의 열기
는 서로의 후보를 지지하는 괴성에 가까운 함성과 너무
나 더운 날씨로 인하여 더욱 고조되었다. 전당대회장에
있는 거의 모든 사람이 열기에 취했다. 전당대회 의장인
매사추세츠주 상원의원 캐봇 로지Cabot Lodge도 마찬가지
였다. 돌연 그는 휴회를 요청했다. 지금까지 그랬듯이 우
드와 로우던의 경쟁은 장기전의 쓰라린 투쟁이 될 것 같
았다. 하지만 공화당 지도부는 한시바삐 후보를 결정하
고 싶었다.

---

1 Anne Canadeo, *Warren G. Harding*(Oklahoma: Synthegraphics Corporation, 1990), p.2.

우드

로우던

휴회가 선언되자 대의원들은 전당대회 진행 방향을 놓고 서로 다른 의견을 내놓았다. 이렇게 되자 공화당이 누워서 떡먹기보다 더 쉬울 것으로 여겨지고 있는 대통령 선거에 나갈 후보를 선출하지 못할 수도 있다는 말이 나돌기 시작했다. 결국 그들은 최선과 차선이 아니더라도 빨리 후보들 중 누구라도 선택을 해야 하고 만약 그렇지 않으면 다 차려놓은 밥상을 걷어 찰 수 있다고 생각했다. 로지는 의사봉 망치를 두드리며 전당대회 휴회를 토요일 아침까지 선언했다. 그때 전당대회 여기저기서 왜 로지가 휴회를 선언하는지에 대해 항의조의 함성이 터져 나왔다. 답답함을 참다못한 유타주 상원의원인 리드 스무트Reed Smoot는 다음과 같이 말했다.

더 이상 전당대회를 진행할 수 없는 교착상태가 지속되기 때문입니다. 우리는 어떤 해결점을 찾아야만 합니다. 이 밤을 새더라도 그것을 찾아야만 합니다.[2]

지친 대의원들은 전당대회장을 떠날 수가 있었다. 온도가 화씨 106°(섭씨 41.1°)까지 올라갔다. 대부분의 대의원들이 몰려간 곳은 그래도 어느 정도 냉방이 갖추어져 있는 블랙스톤 호텔이었다. 이곳에서 그들은 내일 아침에는 반드시 후보를 선출하고 이 지긋지긋한 전당대회를 끝내기로 합의했다. 후보 중 누구라도 좋았다.

6월 12일 토요일 아침 10시에 대의원들과 구경꾼들이 다시 체육관으로 모여들었다. 분명 아침이지만 날씨는 여지없이 이글거리고 체육관은 숨이 막히기 시작했다. 로지는 혼란스러운 상태에 질서를 주문하고 5차 투표를 진행했다. 투표 결과 4차의 결과와 별 차이가 없었다. 그런데 주목할 것은 지금까지 한두 표씩 적게 받던 하딩이 78표로 약간의 약진을 했다는 사실이었다. 뒤이은 6차 투표도 별 차이는 없으나 하딩은 다시 89표를 얻어 꾸준히 약진했다. 덥고 습하고 지루한 금요일 밤의 정치적 거래에도 불구하고 전당대회의 교착상태가 계속되는

---

2 Ibid, p.3.

것처럼 보여졌다. 그러나 7차 투표에서 대의원들의 표의 향방이 확실히 변하는 징후가 나타났다. 선두 두 후보는 표 차이가 없었는데 반해 하딩은 새로운 16표를 더 얻어 105표를 획득했다. 8차 투표에서 우드와 로우던은 여전히 1, 2위를 엎치락뒤치락했다. 우드는 299표를 로우던은 307표를 얻었지만 여전히 고착상태에 빠져있었다. 이에 비해 하딩은 133.5표를 획득하며 확실히 상승기류를 타기 시작했다. 그러자 전당대회장에 갑자기 기막힌 소문이 돌기 시작했다. 오하이오 상원의원에 대한 지지가 눈덩이처럼 불어날 것이고 그가 곧 최종 승자가 될 것이라는 이야기가 나돌았다. 민물조개와 도요새는 어부가 다가오고 있는 것조차 모를 정도로 싸웠다.

1등 공신의 흥분

그때 로지가 앞으로 나와 다시 휴회를 선언했다. 갑작스러운 이 휴회는 대의원들의 표가 차곡차곡 쌓이고 있는 하딩에게 불리한 것으로 보였다. 왜냐하면 상승기류를 타고 있는 하딩이 탄력을 잃을 수도 있었기 때문이었다. 하지만 9차 투표를 앞둔 이 휴회는 하딩에게 새로운 기회를 제공해주었다. 휴회가 진행되는 동안 우드와 로우던은 서로 협상테이블에 앉았다. 그들은 전당대회 투표 진행의 현상을 정확히 인식했다. 두 후보 모두 이대로 가다가는 하딩에게 승자를 넘겨줄 수 있다는 인식을 같이했다. 그럼에도 두 후보는 타협을 하거나 힘을 합칠 수가 없었다. 누구도 서로에게 질 수가 없었다. 두 후보 모두 자신이 대통령 후보가 되어야만 했다.

휴회가 길어졌다. 지칠 대로 지친 로우던이 자신을 지지하던 대의원들에게 하딩을 지지해 줄 것을 요청했다. 그즈음 해서 로우던은 자신이 대통령 후보가 되지 못할 것이라는 점을 알아차렸다. 그는 하딩이 우드보다 많은 면에 있어 자신의 의견과 일치한다고 생각했다. 사실 그를 지지하던 대의원 중 다수가 이미 하딩캠프로 넘어가 있었다. 몇 달 전에 로우던은 같은 상원의원 신분인 하딩과 친밀한 관계를 맺고 있었다. 이런 상황을 예견했는지는 모르지만 하딩의 우호적인 인간관계 유지는 타의 추종을 불허했다. 로우던은 하딩이 자신에 대해 친구나 호의적인 생각을 하고 있는지 확신하지는 못했지만 그럼에도 그는 공화당내 보수파의 지지를 받고 있는 하딩을 지지하게 되면 그로부터 여러 가지를 얻을 수 있다고 생각했다.

　휴회가 끝나고 9차 투표가 시작되었다. 그런데 전당대회장에서 하딩을 대통령 후보자로 지명해야한다는 움직임이 들불처럼 퍼져나갔다. 지금까지의 투표에서 코네티컷주의 대의원 14표는 로우던에게 투표하고 있었다. 그러나 9차 투표에서 그들은 하딩을 후보로 지지한다고 큰 소리로 외쳤다. 그러자 지금까지 우드를 지지하고 있던 플로리다 주와 캔자스주 대의원들도 하딩을 지지한다고 외쳤다. 캔자스 주의 26표가 하딩 지지를 결정하자 루이지애나주의 12표와 미주리주의 36표와 그리고 가장 대의원 수가 많은 뉴욕주의 66표가 쏟아져 들어왔다. 9차 투표가 끝나자 374.5표로 하딩이 단연 선두로 올라섰다. 그때까지 선두에 있었던 우드는 249표를 받고 로우던은 121.5표를 얻어 하딩과의 격차가 크게 벌어졌다.

　전당대회장에 대소동이 일어났다. 하딩의 지지자들이 복도에 모여 배너와 광고판을 흔들며 환호했다. 그들은 다른 주의 대의원들에게 우세한 편에 편승해 승자와 함께 할 것을 요구했다. 의장 로지는 의사봉을 치며 질서를 요구했다. 그럼에도 전당대회장은 광분에 휩싸여 통제의 한계를 넘어서고 있었다.

투표를 하는 동안 하딩의 선거매니저인 해리 도허티 Harry Dauherty가 하딩부인을 만나기 위해 전당대회장 발코니로 뛰어 들어갔다. 발코니 역시 너무나 덥고 공기가 부족해 숨쉬기가 어려웠다. 도허티는 불과 몇 분 전에 벌어진 일로 혹시나 하딩부인이 졸도를 하지 않을까 걱정해서였다.

사실 하딩부인은 남편이 대통령선거에 출마하는 것을 원치 않았다. 하지만 어느새 그가 대통령이 될 수도 있는 위치에 있게 되자 그녀는 적극적으로 추구하라고 재촉했다. 금요일에 그녀는 언론에 다음과 같이 말했다.

나는 아무나 대통령 되기를 원하는지 이해할 수가 없습니다. …만약 남편이 대통령에 당선된다면 그의 머리 위에 떠다니는 하나의 단어를 볼 수 있습니다. 그것은 "비극"이라는 단어입니다.[3]

하딩부인은 남편이 심장이 약하고 그것이 수년 동안 그를 아프게 해 건강상의 문제가 있다고 말했다. 그녀는 우드로 윌슨이 대통령직을 수행하면서 건강이 악화되는 것을 지켜보았고 혹시 이런 일이 남편에게도 일어나지

---

3 Ibid., p.5.

도허티

않을까를 걱정했다. 불행히도 그녀의 비관적인 생각은 그 후 사실로 증명되었다.

　도허티가 9차 투표 결과가 막 나올 즈음해서 발코니에서 하딩부인을 만났을 때 그녀는 광분의 분위기에 압도당하여 얼굴이 창백해졌다. 그녀는 한 손으로는 모자를 꽉 쥐고 있었고 다른 한 손으로는 당시에 유행하고 있었던 모자 핀을 쥐고 의자에 앉아있었다. 도허티는 흥분된 목소리로 그녀의 남편이 다음 투표에서 대통령 후보로 지명될 것으로 보인다고 말했다. 하딩부인은 이 말에 너무나 충격을 받아 의자에서 튕겨나가듯 일어났다. 도허티 역시 하딩부인이 넘어지면 잡으려고 일어났다. 이때 하딩부인은 자신도 모르게 모자 핀으로 도허티의 배를 찔렀다. 그 순간 도허티는 고통으로 소리를 지르려고 했지만 놀라운 순발력으로 하딩부인이 안정을 찾을 때까지 아무 말도 하지 않았다. 그러고 나서 도허티는 어지럼과 흥분 속에서 전당대회장으로 되돌아왔다.

그제야 도허티는 모자 핀이 자신의 배를 찔러 폐를 관통하고 있음을 알아 차렸다. 그 순간 도허티는 너무나 흥분하고 피를 많이 흘려 졸도해 버렸다. 그래서 도허티는 하딩의 이 믿기지 않는 최종 승리를 보지 못했다. 시간이 지나고 모자 핀은 도허티에게 치명상은 아니었다. 도허티는 하딩 부인 이상으로 전율 속에 있었다.

어부가 된 하딩

8차 투표까지 선두를 다투던 우드와 로우던은 9차 투표에서 그 기운을 잃더니 10차 투표에서 완전 그로기가 되었다. 우드는 여전히 다소 많은 181.5표를 얻었지만 로우던은 28표만을 얻었다. 반면 하딩은 후보 당선에 필요한 493표를 훨씬 넘은 692.2표를 얻어 압도적인 지지로 1920년 공화당 대통령 후보로 확정되었다. 민물조개 우드와 도요새 로우던이 서로 싸우던 중 어부 하딩이 조

개와 도요새를 자신의 망태기에 넣어버렸다.(방휼지쟁, 蚌
鷸之爭). 망태기 속에 들어간 우드와 로우던은 더 이상 싸
우지는 않았지만 자신들의 패배를 인정하지 않을 수가
없었다.[4] 사실상 하딩은 조개와 도요새를 잡을 수 있는
능력을 가진 어부도 아니었다. 하지만 도허티를 비롯한
몇몇 지지자들의 도움으로 갯벌에 나갔고 어떨 결에 싸
우고 있는 조개와 도요새를 망태기에 넣은 참으로 운 좋
은 어부가 되었다.

　같은 열기와 흥분으로 대의원들은 부통령 후보를 선출
했다. 당의 일부 지도부는 위스콘신주 상원의원인 어바
인 렌루트Irvine Lenroot가 하딩과 잘 어울릴 것이라 주장했
다. 하지만 이내 대세는 매사추세츠주 보수적 주지사인
캘빈 쿨리지Calvin Coolidge에게로 집중되었다. 쿨리지는 지
난 해 보스턴 경찰관파업Boston Police Strike 때 단호한 행동으
로 전국적인 인물이 된 사람이었다. 1차 대전 후 석탄사
업과 탄광산업은 물론 전국적인 파업이 일어나는 가운데
보스턴 시의 경찰관도 노동조합을 조직하여 파업에 돌
입했다. 주지사 쿨리지는 미국노동연맹American Federation of

---

4 우리나라의 대통령 선거도 방휼지쟁의 교훈을 방불케 하는 사례가 있다. 전두환
　대통령의 철권통치가 끝난 1987년 직선제가 이루어진 대통령 선거에서 당시 김
　영삼과 김대중 후보는 민물조개와 도요새와 같이 서로 싸웠다 이때 노태우 후보가
　어부가 되어 대통령 선거에서 승리했다.

Labor 회장인 새뮤얼 곰퍼스Samuel Gompers에게 보낸 전보에서 다음과 같이 말했다.

누구도 언제 어디서나 공공안전에 반하는 파업을 할 권리는 없습니다.[5]

쿨리지의 반노동조합 태도는 강하고 단호한 정치가의 이미지를 표출했다. 대의원들은 아무래도 이러한 이미지가 다소 약한 하딩에게 쿨리지의 이미지가 더하면 금상첨화라 생각했다. 전당대회가 끝나자마자 대의원들은 답답한 체육관을 썰물처럼 빠져나갔다. 그들 대부분은 자신들이 미국 29대 대통령과 그 후계자를 선택했다는 점을 인식하지 못했다. 공화당 대통령 후보로 당선되었음에도 하딩 자신도 대통령이 되는 것을 확신하지 못하고 있었다. 그러나 도허티와 하딩부인은 달랐다.

---

5 Calvin Coolidge, Telegram to Samuel Gompers (September 14, 1919).

02

워렌 하딩,
신문업자로의 성장

고향과 부모

　워렌 하딩Warren G. Harding이 1865년 11월 2일 태어났을 때 그의 어머니는 아들의 가운데 이름을 정하는데 많은 고민을 했다. 처음에 그녀는 위니Winnie라고 부르기를 좋아해 윈필드Winfield로 짓고자 했지만 고민 끝에 구약성경에 나오는 이름 중 하나인 가말리엘Gamaliel을 선택했다. 자신의 첫 아들이 장차 목사나 교사가 되기를 희망해서였다. 아들에 대한 어머니의 소망은 미국 대통령에 비해서 너무나 소박했다는 것을 알 수 있다. 그럼에도 어머니 포이베 디커슨 하딩Phoebe Dickerson Harding은 자신의 아들이 특별한 사람이 되는 운명을 타고났다고 굳게 믿었다. 그래서 그녀가 할 수 있는 최선을 다해 아들이 높은 성취를 할 수 있도록 도왔다. 그녀는 한 살도 채 되지 않은 아들이 잘 걷는다고 자랑했다. 네 살이 되자 그녀는 하딩에게 글을 가르쳤다. 어머니의 가르침에 곧잘 따라하는 아들이 언젠가 미국 대통령이 될 것이라 자랑했다. 하딩의 부모는 모두 여덟 명의 자녀를 두었는데 다른 아이들보다 장남 워렌은 특별한 사랑을 받고 자라났다.

학교와 코르시카 마을에서 하딩은 때때로 다른 아이들로부터 놀림감이 되곤 했다. 하딩이 다소 검은 피부를 가졌기 때문에 아이들은 그가 니그로(아프리카계 미국인)의 후손이라고 불렀다. 사실 하딩가의 사람들도 아프리카계의 핏줄을 이었다는 소문이 항상 따라다녔다. 하지만 하딩의 아버지 조지 트라이언 하딩George Tyron Harding은 그럴 때마다 우리 집안에 대해 나쁜 감정을 가진 사람들이 악의로 그런 소문을 낸다고 주장하며 강력히 부인했다.

　트라이언 하딩은 오하이오주 북쪽 작은 마을에서 농사를 짓고 살았다. 그는 지긋지긋한 옥수수밭과 젖소의 일로부터 완전히 벗어나기를 간절히 원했다. 그는 몇 년 동안 조그만 시골 학교에서 교사로 일을 했다. 하지만 특별한 교사 교육을 받지 않아 가르치는 실력이나 열의가 부족했던 그는 아이들에게 인기가 없었다. 그 후 트라이언은 근처 동종요법을 가르치는 한 전문대학을 졸업하고 칼레도니아 시내에 소규모 병원을 개원했다. 하지만 그의 병원은 신통치 않았다. 가끔 오는 환자들은 현금 대신 계란이나 버터를 병원비로 대신 냈다. 가정을 꾸려나가는데 남편의 돈벌이로는 부족했기 때문에 포이베가 이웃집에서 가정부를 함으로써 가정경제에 도움을 주었다.

하딩의 부모

　병원 일이 신통치 않았던 트라이언은 자신의 많은 에
너지를 물물교환이나 다른 여러 가지 일에 쏟아부었다.
그는 농기구를 구입해 되팔기도 하고 가축을 사서 이익
을 보기도 했다. 트라이언은 점차 여러 거래를 하는데 일
종의 '거간꾼'으로 재능을 발휘했다. 트라이언은 병원 일
과 달리 다른 일에서는 상당한 수익을 냈다. 하딩이 10살
이 되었을 때 아버지 트라이언은 어떻게 했는지 분명치
않지만, 파산 직전의 지역 신문사인 「칼레도니아 아르고
스Caledonia Argus」를 소유하게 되었다. 아버지의 배려로 신
문사의 전주인인 윌 워너Will Warner는 이 신문사에서 계속
일을 할 수 있었다. 그는 혼자서 출판업자, 편집자, 기자,
식자공, 광고판매자, 세일즈 그리고 사무원의 일을 하면

서 1인 경영을 했다. 그 대신 워너는 작은 심부름을 하거나 인쇄를 도와줄 수 있는 조수를 필요로 했다. 아버지가 이 신문사를 경영하면서 흥미를 보인 아들 하딩이 자연적으로 사무실에서 일을 하게 되었다. 하딩은 시간이 있을 때마다 신문사에 들러 청소하고 인쇄기를 닦고 식자(植字)하는 법을 배웠다. 하딩은 학교 공부보다 신문사 일에 더욱 열심이었다. 어느 날 늦은 밤까지 신문사 일을 돕고 있는 하딩에게 (하딩 자신이 보기에 최고의 신문 기술을 가진)윌 워너가 뛰어난 인쇄공의 상징인 6㎝짜리 인쇄자 Printer's Rule를 선물했다. 워렌은 이것을 보물로 생각했고 평생 간직했다.

대학생활

열네 살이 되었을 때 워렌 하딩은 조그만 시골학교에 자신이 할 수 있는 이상의 일을 했다. 그의 부모는 아들이 합격한 지역대학에 보내기 위해 돈을 끌어모았다. 하딩은 순전히 부모의 덕에 칼레도니아로부터 11㎞ 떨어진 곳에 있는 오하이오 중앙대학Ohio Central College에 등록할 수 있었다. 아버지 트라이언도 20년 전에 이 대학을 졸업했다. 당시 이 대학은 오늘날의 대학과 달리 소규모 고등학교와 같은 대학이었다. 당시 이 대학에는 3명의 교수와 13세에서 16세 사이의 남녀학생 35명이 있었다.

그런 만큼 이 대학에서 전공을 공부한다는 것은 사실상 어려웠다. 대부분의 교육과정은 철학, 라틴어, 수학, 과학에 집중되어 있었다. 워렌은 이런 공부에 전혀 관심이 없었다. 그의 주된 관심은 학교의 다양한 활동이었다. 후에 룸메이트였던 한 친구가 워렌의 주된 관심은 토론과 글쓰기와 그리고 친구 사귀였다고 회고했다. 그중에서 워렌은 친구를 사귀는 데 남다른 재능을 가지고 있었다고 말했다. 학교 토론에서 워렌은 자신이 대중 연설에 재능이 있음을 발견했다. 연설을 하면서 그는 과장된 문구나 표현을 좋아했다. 주제가 무엇이든 표현력이 풍부한 웨렌의 연설은 많은 사람들을 사로잡았다.

워렌 하딩의 「칼레도니아 아르고스」에서의 경험은 그로 하여금 신문을 사랑하도록 만들었다. 한 친구의 도움으로 하딩은 학생과 지역주민을 위한 「이베리아 스펙테이터Iberia Spectator」라는 학교신문을 창간했다. 창간호가 1882년 2월에 나왔다. 4페이지의 지면에는 지역 뉴스,

재미있는 이야기, 광고, 그리고 전국적인 문제가 되고 있는 뉴스에 대한 논평으로 빼곡히 채워졌다. 매주 두 번 발행하는 이 「스펙테이터」는 큰 성공을 거두었다. 편집장으로 하딩은 유쾌하게 말했다.

노새 한 마리가 벌집에 들어가는 것보다 가정사에 전혀 흥미를 가지지 못하는 소수의 인색한 구두쇠를 제외하고 거의 모든 사람들이 이 「스펙테이터」를 구입해 볼 것이다.[6]

하딩은 작은 규모의 대학에서 자신이 하고 싶은 일을 다 하면서 보냈다. 후에 자신의 대학생활에 대해 다음과 같이 썼다.

나는 교수와 학생 사이에 개인적인 관계가 유지되는 소규모 대학이 우리가 지향해나갈 최고의 교육제도라는 생각에는 조금도 변함없습니다.[7]

단지 세 명의 학생이 1882년 봄에 오하이오 중앙대학을 졸업했는데 하딩은 그중 한 명이었다. 그는 세 명 중

---

[6] Deborah Kent, *Warren G. Harding*(New York: Children's Press, 2004), p.13.
[7] Ibid.

학생 대표로 졸업 연설을 했다. 그는 이학사 학위를 받았다. 하딩이 마지막 학기를 다니는 동안 하딩의 가족들은 칼레도니아에서 근처 마리온이라는 작은 도시(마을)로 이사를 했다. 하딩은 고향 칼레도니아에 잠시 들러 노새를 구입해 타고 새로운 인생을 시작할 마리온으로 향했다.

교사

워렌 하딩이 1882년 마리온에 왔을 때 고작 인구가 4,500여명 정도였지만 이 작은 도시는 번성하고 있었다. 마리온 중심에는 법원과 교도소 등의 관공서도 자리하고 있었다. 마리온에서 가장 많은 노동자를 고용하고 있는 회사는 건초 갈퀴, 낫, 수확기 등의 농기구를 제작하는 회사였다. 도시를 조금 벗어나면 옥수수 밭, 과수원, 그리고 울창한 숲과 습지가 펼쳐져 있다.

마리온으로 온지 몇 주가 지난 후 하딩은 지난 칼레도니아에서 자신이 다녔던 교실이 하나밖에 없는 조그만 학교에서 풀타임 교사로 취직했다. 사랑하는 어머니의 소망에 따라 교사가 되었지만 하딩은 시골 촌구석의 교사직에 전혀 흥미를 느끼지 못했다. 하딩은 후에 교사직을 두고 "지금까지 해 본 일 중 가장 힘든 일이었다"고 회고 했다.

겨우 1년을 보낸 후 하딩은 교사를 그만두고 다른 직업을 찾았다. 얼마 동안 보험판매원으로 일을 했지만 보험금 비율 산정에 있어 자주 실수를 한 나머지 회사에서 해고되었다. 그러다 아버지가 상당한 탁월함을 보이고 있는 거래 분야 전문 변호사가 되기 위해 법률 서적을 공부했다. 하지만 하딩은 곧 스스로가 대중 연설과 토론에서는 재능이 이었지만, 딱딱한 법조문을 읽고 외우고 하는 데는 전혀 적성이 맞지 않는다는 것을 알게 되었다.

하딩이 가장 잘 할 수 있는 일은 여러 친구들과 그저 빈둥빈둥 노는 것이었다. 10대 때 하딩은 마리온의 인기 있는 롤러스케이트장인 메리-롤-라운드Merry-Roll-Round에 음악을 제공해 주는 지역 밴드에서 코넷을 연주했다. 하딩은 항상 늦은 밤까지 친구들과 진한 농담이 섞인 이야기를 하느라 시간 가는 줄 몰랐다. 이때부터 평생을 하딩이 가장 즐겨한 놀이는 포커 게임이었다. 이른바 하딩의 "포커 친구들poker buddies" 중에는 그가 대통령이 되어서 죽을 때까지 함께 논 친구가 다수 있다.

이때 20대가 채 되기 전에 하딩은 지역 공화당 정치판에 관심을 가지기 시작했다. 그는 공화당 당 대회에 참석하면서 선거운동을 돕기도 했다. 그러면서 정치에는 친구를 만드는 것이 중요하다는 것을 알았다. 하딩은 친구를 만드는 일이야말로 자신의 최고 장점이자 전문 영역이라고 확신했다.

신문업자

얼마 지나지 않아 하딩의 아버지 트라이언은 또 한 번의 거래 능력을 발휘해 마리온의 소규모 신문사인 「스타 Star」를 구입했다. 「스타」는 구독자가 500명이 넘지 않은 4면을 발행하는 작은 신문이었다. 아버지 덕분에 「스타」의 편집장인 된 하딩은 마리온을 지나는 모든 철도회사로부터 자유통행권을 인정받았다. 철도회사는 「스타」로부터 호의적인 보도를 원했고 그 대신에 하딩은 뉴스를 취재하는데 자유통행권을 잘 활용했다. 「스타」의 편집장이 되고 한 달 후 하딩은 기차를 타고 시카고에서 열리고 있는 1884년 공화당전당대회에 참석했다. 그곳에서 하딩은 군중, 연설, 밴드, 플래카드, 풍선 등에 열광했다. 하딩은 그해 공화당 대통령 후보로 지명된 메인주 연방 상원의원인 제임스 블레인James G. Blaine에게 완전히 매료되었다. 마리온으로 돌아온 하딩은 블레인의 철저한 지지자가 되었다.

하딩은 곧바로 「스타」의 지면을 활용해 블레인을 위해 선거운동을 하고자 했다. 하지만 그때 아버지 트라이언 하딩이 빚을 탕감하기 위해 아들의 반대에도 불구하고 「스타」를 매각해 버렸다. 신문사는 문을 닫았고 하딩은 다시 실업자가 되었다. 하딩은 이전처럼 스케이트장에서 코넷 연주를 하고 보험을 판매하는 일을 하며 지냈다. 하는 일마다 신통치 않았던 아들 하딩에게 아버지 트라이언은 그래도 열정을 가지고 일을 했던 신문사 일을 주선해 주었다. 하딩 자신도 신문을 제작하고 판매하는 신문업자의 일이야말로 자신이 좋아하는 유일한 일이라는 것을 알았다. 이때부터 하딩은 신문 관련 일이 자신의 천직이라고 생각했던 것 같다. 아버지의 주선으로 하딩은 마리온에 있는 작은 신문사인 「미러Mirror」사에 취업했다. 이 신문은 당시 소규모 지역의 여러 신문사가 그러하듯 주인 혼자서 모든 일을 다 했다. 그런 중에 하딩을 고용해 기자, 광고 판매, 배달일, 그리고 사무일 전반에서 일하도록 했다.

「미러」의 주인은 제임스 본James Vaughan이었다. 그는 하딩을 고용하고 나서 얼마 지나지 않아 그를 해고시켜 버렸다. 해고의 이유는 하딩이 너무 게으르고 친구들과 농담만 하고 정치에만 관심을 가지고 있다는 이유였다. 하지만 본은 민주당을 지지하고 있었기 때문에 그가 공화당을 지지하고 있는 하딩을 좋지 않게 생각했기 때문이라는 소문도 돌았다. 이유가 무엇이든 하딩은 자신을 해고한 본과 좋은 관계를 유지했다. 이것이 바로 하딩의 장점이었다. 하딩은 일생을 통해 소소한 인간관계는 물론 정치영역에서 '반대자'는 물론 '적'이라도 적으로 취급하지 않고 전략적 모호함으로 친한 관계를 유지했다. 대부분의 사람들은 하딩의 이런 성격을 좋아했고 정치를 시작하면서 하딩을 그것을 자신의 이점으로 활용했다.

「미러」에서 해고되고 특별히 하는 일이 없이 지내고 있었던 하딩은 그해 가을 대통령 선거에서 블레인이 낙방하고 적지 않게 실망했다. 친구들과 함께 마리온의 살롱에서 투덜거리며 앉아 있는 중에 하딩의 머리에 '대단한 생각'이 스쳐갔다. 만약 친구들과 함께 돈을 모으면 아버지가 팔아넘긴 「스타」를 구입할 수 있지 않을까 생각했다. 그러면 자신이 하고 싶고 잘 할 수 있는 일이라 여겨지는 신문사 일을 할 수 있지 않을까 생각했다. 하딩의 파트너는 잭 워릭Jack Warwick과 조니 시클Johnnie Sickle이었다. 그들은 오랜전부터 유년 시절부터 칼레도니아 지역 밴드에서 같이 연주하고 놀았던 친구였다. 각자가 100달러씩 추렴했다. 시클이 최근에 얼마의 돈을 유산으로 받아 그가 자신과 워릭의 몫을 충당했다. 하지만 하딩은 돈이 없었다. 하딩은 전혀 거리낌 없이 한때 자신을 고용했다가 해고해 버린 「미러」의 주인인 본을 찾아갔다. 하딩은 해고 이후에도 좋은 관계를 유지했던 본이 「스타」가 성장하며 영향력을 발휘하게 되면 이 지역에서 확실히 친공화당 성향의 신문이 될 것이고, 그러면 결국 「미러」의 유일한 라이블 신문사인 공화당 계열의 「인디펜던트 Independent」의 힘을 약화시키게 될 것이라 믿기 때문에 자신을 도와주리라 확신했다. 하딩의 생각은 적중했다. 본은 하딩에게 돈을 빌려주었다. 자신에 대한 반대자나 적을 적으로 취급하지 않는 하딩의 놀라운 장점이 발휘되는 순간이었다.

이전에 윌 워너에게서 배운 신문사 운영에 관한 경험은 하딩이 「스타」를 운영하는 데 많은 도움을 주었다. 세 사람이 모든 일을 했다. 그들은 글을 쓰고, 편집하고, 식자하고, 광고를 판매하고, 구독자를 모집하고, 회계와 사무실 일까지 함께 했지만 다른 두 동업자와 달리 하딩의 열정은 대단했다. 1884년 인구 4천 명에 지나지 않았던 마리온에서 3개의 신문사가 경쟁했지만 하딩의 노력으로 「스타」는 점점 그 힘을 키워갔다.

그러던 중 하딩은 친구들의 몫이 탐이 났다. 하딩은 「스타」를 온전히 자신의 것으로 만들고자 했다. 정말 우연하게 시클은 서부로 이사를 가게 되었고 자신의 몫을 하딩에게 팔았다. 하딩은 워릭의 몫을 탐내 그와 포커 게임을 했고 몇 번의 게임 끝에 그의 몫을 빼앗다시피 했다. 도박으로 친구에게 경영권을 빼앗긴 워릭은 하딩과의 관계가 좋지 않을 수가 있었다. 하지만 하딩은 워릭과 죽을 때까지 좋은 친구로 남았다. 이것 또한 하딩의 능력이었다. 하딩은 워릭이 「스타」에서 기자로 일하도록 했고 궁극적으로 편집장이 되도록 했다. 워릭은 한때 친구이자 자신의 보스인 하딩에 대해 다음과 같이 말했다.

하딩은 보스이지만 항상 우리와 함께한다. 우리는 그를 위해 일하는 것이 아니라 그와 함께 일하고 있다.[8]

---

8 Canadeo, *Warren G. Harding*, p.19.

하딩은 19세가 채 되기도 전에 「스타」의 편집장이자 사장이 되었다. 사장이 된 하딩은 「스타」를 지역의 소소한 사람들의 이야기, 재미있는 이야기, 가벼운 산문 등의 독창적인 내용으로 지면을 채우기는 했지만 대부분의 지면은 다른 신문의 보도를 재인쇄하는 수준이었다. 그러던 중 하딩은 비록 오하이오의 작은 마을 사람들이지만 이들도 국가 전체의 대소사를 알고 싶어 한다는 점을 인식했다. 곧바로 하딩은 「스타」의 첫 페이지에 국가정치나 국제관계에 관한 따끈따끈한 뉴스를 실었다. 하딩은 역시 마리온과 인근 지역 시민들의 대소사에 대해서 더욱 세세하게 지면을 할애했다. 하딩은 1년에 최소 한번은 지역 주민의 개개인의 이름이 「스타」 어디엔가 등장할 수 있도록 배려했다. 비록 촌스럽고 소소하지만 이것이 자신의 신문의 구독자를 늘리고 더불어 자신의 영향력이 커져가는 비결임을 알고 있었다.

곧바로 「스타」는 마리온 인구의 절반 넘게 구독자를 확보했다. 1885년 2월에 오하이오 주의 또 다른 신문인 「크로니클Cronicle」은 다음과 같이 평가했다.

마리온의 작지만 빤짝이는 「스타」가 드디어 좋은 사람의 손에 넘어갔다. 마리온 주민들은 「스타」에 매우 관대

한 지지를 보내는 일 외에 할 수 있는 일이 없을 것 같다.[9]

5월에 하딩은 「스타」를 더 큰 사무실로 옮겼다. 곧바로 그는 제 2신문사인 「주간 스타Weekly Star」를 창간했다. 하딩은 매일신문에서는 자신의 정치성향을 잘 표현하지 않았지만 주간지에서는 공화당을 강하게 지지하는 정치성향을 드러냈다. 하딩은 이제 자신이 궁극적으로 하고 싶은 일-정치-로 가기 위한 발판을 마련하게 되었다.

그래서 하딩은 사장으로 「스타」를 운영하는 면에서도 대단히 정치적이었다. 그는 고용된 모든 사람들과 사무실이나 인쇄 실에서 함께 먹고 자고 했다. 심지어 신문 배달보이와 부랑자들이 신문사 사무실에서 잠을 잘 수 있도록 배려해 주었다. 그래서 그런지 모르지만 「스타」에 고용된 대부분의 사람들은 하딩을 결코 어렵게 생각하지 않았고 그저 좋은 사장으로 생각했다. 하딩은 일꾼들에게 결코 목소리를 높이지 않았고 그 누구에게도 화내지 않았다. 하딩은 신문사 사무실은 바쁘게 돌아갔지만 직원을 결코 다그치지 않았다. 하딩은 신문사에 있는 대부분의 시간을 자신의 큰 발을 책상 위에 올려두고 담배를 씹으면서 찾아 온 사람들과 야하고 시시콜콜한 내

---

9 Kent, *Warren G. Harding*, p.21.

용이 섞인 이런저런 이야기를 주고받으면서 보냈다. 신문사 직원들에 대한 하딩의 온화한 태도는 타고난 것인지 아니면 의도가 있는 것인지 분명치 않다. 그러나 분명한 것은 당시 하딩은 다른 사람에게 좋게 대해줄 때 반드시 좋은 결과로 되돌아온다는 것은 인식하고 있었다. 궁극적으로 자신이 관심 있는 정치영역으로 나가기 위해 다른 사람으로부터 좋은 평가를 받는 것이 무엇보다 중요하다는 것을 하딩은 알고 있었다.

마리온의 후원자

1880년대와 1890년대의 미국은 성장일로에 있었다. 마을은 작은 도시로 발전하고 작은 도시는 큰 도시로 발전해갔다. 철도가 미국 전 지역을 연결했다. 수많은 공장이 세워져 제조업을 발전시켰다. 주인은 물론 고용된 노동자들까지 다양한 새로운 기회를 잡을 수가 있었다. 막 청년기에 접어든 워렌 하딩은 이 점을 잘 인식했다. 그래서 자신의 고향과도 같은 마리온이 이런 기회에 편성하기를 원했다. 더불어 마리온의 신문사인 「스타」도 발전하기를 원했다.

그래서 하딩은 자신의 신문을 이용하여 어디를 가든 무엇을 하든 마리온을 자랑하고 광고했다. 자주 하딩은 독자들에게 그들이 살고 있는 마리온에 대해 자부심을 가지고 마리온의 성장을 위해 무엇인가를 기여하라고 독려했다. 1887년에 하딩은 교묘하게 자신의 신문에 대한 광고를 다음과 같이 했다.

마리온에 관한 이야기를 하고 글을 쓰는 것은 모든 사람들을 친숙하게 만들어 줍니다. 마리온의 집에서 여러분이 팔 수 있는 모든 것을 파십시오. 또 여러분이 살 수 있는 모든 것을 사십시오. 그리고 여러분의 마리온 신문을 지지하십시오.[10]

1888년에 하딩은 마리온이 오하이오 중부지역에 있는 모든 다른 도시보다 우수하다고 주장했다. 그는 「스타」의 사설란에 반 정도 농담조로 다음과 같이 썼다.

우리 마리온 옆에 켄턴Kenton이 있지만 이 도시는 별로 유쾌하지 못합니다. 우리는 이미 켄턴을 앞서 있습니다.

---

10 Ibid.

잠자는 것과 같은 조용한 메리즈빌Marysville은 우리와 비교 대상이 되지 않습니다. 우리와 조금 비교될 수 있는 마운트 길레드Mount Gilead는 굳이 비교하자면 우리가 황금이라면 그들은 구리에 지나지 않습니다. 마운트버넌Mount Vernon은 꽤 괜찮은 도시이기는 하지만 우리 마리온이 이미 앞서고 있습니다.[11]

이런 식의 사설이 지역 간의 경쟁이 격심한 오늘날 발표되었다면 아마도 하딩은 온갖 비난과 항의를 받았을 것이다. 하지만 당시는 다른 지역에 관한 이와 같은 글이 오늘날과 같은 지역감정을 자극하지 않았던 시기였다. 더더욱 오하이오의 작은 시골인 마리온에서 발간되는 신문의 영향력은 그렇게 크지도 않았다. 그럼에도 마리온 지역민들은 하딩의 이러한 글에 적지 않게 매료되어 갔다.

1890년이 되자 지역민으로부터 어느 정도 인기를 얻고 있음을 알게 된 하딩은 또 다른 일을 시도했다. 하딩은 마리온의 발전을 위한 운동을 전개했다. 당시 오하이오주 촌구석에 지나지 않은 마리온의 도로 사정은 더럽고 조잡하기 짝이 없었다. 봄이 되어 해빙이 되거나 혹은 큰 비가 내리고 나면 도로는 물론 온 시내가 진흙범벅

---

11 Ibid, p.22.

이 되었다. 하딩은 마리온 주민들이 도로포장을 후원할 것을 재촉했다. "마리온을 진흙으로부터 구해내자"가 하딩의 슬로건이었다. 도로를 포장하는데 들어가는 비용은 거리를 인접해 살고 있는 자산가들로부터 자금을 수렴할 수 있다고 주장했다. 하지만 자산가들 대부분이 하딩의 주장을 반대했다. 이에 하딩은 불같이 화를 냈다. 하딩은 이들이 마리온의 발전을 방해한다고 비난했다. 그러면서 자신의 신문 「스타」에 강력한 비난조의 사설을 실었다.

그들은 현재 마리온을 위해 전혀 도움이 되지 않고, 지금까지도 도움 된 적이 단 한 번도 없으며, 앞으로 전혀 도움이 되지 않을 인간들이다. … 이 말 많고 쓸모없는 사람들을 마리온에서 추방시켜 버리자. 마리온은 발전하기를 원한다.[12]

연애와 결혼

하딩이 주도한 도로를 포장하는 문제에 대해 가장 강

---

12 Ibid, pp.22-23.

력한 반대자는 마리온의 영향력 있는 사업가인 아모스 클링Amos Kling이었다. 클링은 마리온에서 가장 부유한 사람으로 하딩을 몹시도 싫어했다. 특히 하딩이 자신의 딸인 플로렌스 클링Florence Kling과 사귀는 것을 알고 격노했다.

키가 크고 잘생긴 외모에 외교 넘치는 미소와 쾌활한 태도를 가진 워렌 하딩은 마리온의 젊은 여성에게 큰 인기를 얻고 있었다. 당시 하딩은 마리온에 있는 그 어떤 여성이라도 아내로 선택할 수 있을 정도로 인기가 있었다. 그런데 하딩이 고른 여성은 이혼녀에, 자신보다 여섯 살이나 많고, 별로 매력적이지 않은 플로렌스였다. 많은 사람들에게 참으로 이상한 선택으로 보였다. 플로렌스는 촌스럽고 우아함하고는 거리가 먼 여성이었다. 뿐만 아니라 그녀의 목소리는 날카롭고 고압적이었다. 그녀는 대부분 독설적으로 말했다. 게다가 그녀는 자신과 자신의 아들을 잘 돌보지 않은 헨리 데 올페Henry De Wplfe와 이혼한 여성이었다. 1890년대의 미국 사회는 이혼한 여성을 무시하는 경향이 뚜렷했다. 하지만 하딩은 플로렌스의 불행한 과거를 그렇게 개의치 않았다. 이런 태도의 하딩에 대해 플로렌스는 단순 사랑을 넘어 흠모했다. 그녀는 그런 하딩을 위해 무엇인가를 하기를 원했다. 그것은 하딩을 출세시키는 것이었다. 그녀의 이러한 생각은 하딩의 생각과 일치했다.

아모스 클링은 자신의 딸이 하딩과 결혼하는 것만은 막고자 했다. 마리온에서 하딩이 받고 있는 평판을 깎아 내리기 위해 아모스 클링은 하딩 집안은 아프리카계 미국인의 피가 섞여 있다는 오래된 소문을 다시 부각시켰다. 하딩은 장인이 될 사람의 악의에 찬 비방에 의기소침했지만 플로렌스는 아버지 이상으로 의지가 강했다. 그녀는 어쨌든 하딩과 결혼하기를 원했고 아버지의 그 어떤 반대도 딸의 의지를 꺾지 못했다.

우여곡절 끝에 하딩과 플로렌스는 1891년 7월 8일에 결혼했다. 하지만 아버지 아모스 클링은 끝끝내 이 결혼식에 참석하지 않았다. 그 후 7년 동안 아모스는 자신의 딸과 사위를 피해 다녔다. 결혼 후 하딩은 밤에 복통으로 심한 고통을 겪었다. 당시 복통이 얼마나 심했던지 이 문제로 하딩부부는 신경쇠약에 걸리기도 했다. 하딩은 한동안 미시건 주에 있는 병원에서 치료를 받았다. 치료 후 하딩은 마리온으로 돌아 와서 생활했지만 향 후 10년 동안 복통으로 인한 발작이 네 번이나 더 있었다. 남편이 치료를 위해 마리온을 비운 사이에 플로렌스는 자연적으로 남편의 사업인 「스타」의 운영 전반을 담당했다. 그

워렌 하딩

/

48

녀는 일종의 소년단과 같이 마리온의 소년들을 모와 신문을 배달하도록 했다. 그녀는 「스타」를 운영하면서 게으름을 피우는 소년들의 엉덩이를 강하게 때렸다. 아내의 이러한 강한 태도에 대해 하딩은 아내에게 "공작부인 Duchess"이라 불렀다. 이 별명은 그녀가 죽을 때까지 따라다녔다.

그러는 동안 작은 촌구석에 지나지 않았던 마리온은 그럴듯한 작은 도시로 발전했다. 더불어 「스타」역시 이 지역에서 가장 영향력 있는 신문으로 성장했다. 더불어 그들은 마리온의 중심지인 마운트버넌 거리에 살기 좋은 초록색 판자지붕을 한 집을 짓고 살았다. 「스타」가 성장하면 할수록 하딩의 영향력도 커져갔고 어느새 하딩은 마리온에서 가장 영향력 있는 인물이 되어 있었다.

보수주의 기반

자수성가를 한 대부분의 사람들과 마찬가지로 하딩 역시 정치와 경제 있어 보수주의적인 견해를 가지고 있었다. 그는 「스타」에서 성실하게 일했다. 시간이 지나면서 하딩은 상당한 돈도 벌었고 지역사회에서 적지 않은 명성을 얻었다. 하딩은 특히 자수성가한 기업인들을 존경했다. 그는 기업인들이 자유롭게 경제활동을 할 수 있을 때 사회가 발전한다고 믿었다. 그러면서 그는 큰 부를 축적한 사람이 정치권력에 가장 적합다고 믿었다. 하딩은 1889년 12월에 다음과 같이 썼다.

큰 부를 소유한 10명의 정치인 중 9명은 정치 분야에서 자신들을 명사로 만들어준 에너지, 근면, 성실, 그리고 모험정신과 같은 특성을 실천함으로써 돈을 벌게 된 것은 의심할 여지 없는 사실이다.[13]

야심적이고 정력적인 기업가들이 부를 축적하는 동안 수백만 명의 노동자와 가난한 농부는 자신들의 생활비를 벌기 위해 투쟁했다. 1880년대 동안 산업 노동자들은 노동조합을 조직하여 더 나은 임금과 더 좋은 노동조건을 제공받기 위해 고용주들을 압박했다. 양측의 협상이 결렬되었을 때 노동자들은 자주 파업에 돌입했다. 하딩은 노동조합은 물론 노동자들을 조직하는 사람을 좋지 않게

---

13 Ibid, p.27.

생각했다. 하딩은 「스타」에서 노동조합 활동에 반대하는 입장을 고수했다. 그는 노동조합을 옹호하는 사람들을 "민중선동가"로 부르는데 주저하지 않았다. 또한 그들은 사회에 위협적인 존재라고 비난했다. 줄 곳 하딩은 노동자의 파업을 반대했으며 비조합원들을 칭찬했다. 하딩의 몸에는 보수주의 피가 흐름을 알 수 있다.

반노동조합에 대한 견해뿐만 아니라 하딩은 새로운 입법을 통해 세상을 좀 더 개선하려고 노력하는 개혁가들과 그들의 운동에 대해서도 비우호적이었다. 당시 어떤 사람은 여성 참정권을 위해 투쟁했다. 또 어떤 사람은 알코올 판매를 규제하고자 했다. 어떤 사람은 사형 제도를 없애고자 노력했다. 하딩은 이런 모든 문제에서 항상 보주적인 입장을 취했다. 하딩의 보수적인 입장은 공화당에 적합했다. 여성 참정권에 대해서는 시기상조라 여겼다. 알코올 문제는 개인적인 것이지 정부가 관여할 일이 아니라 생각했다. 사형금지는 범죄자를 들끓게 해 사회 안정을 해친다는 입장이었다. 적어도 그가 정치를 시작하면서 표를 받아야 하는 입장이 되기까지는 그러했다. 하딩은 표를 받아야 하는 정치인이 되고나서는 보수적인 입장도 아니고 그렇다고 진보적인 입장도 아닌 그저 어정쩡한 입장을 취했다.

하딩은 개인적인 입장과 달리 자신의 신문 「스타」에서도 이런 논쟁적인 문제에 대해서 신중한 태도를 취했다. 당시 편집장으로 일하고 있었던 잭 워릭은 다음과 같이 썼다.

우리는 우리 신문이 개혁적인 문제에 손을 대 허우적거리도록 나두지 않았습니다. 가능한 우리는 신문이 고귀하고 존경할만하고 신뢰할만한 것으로 인식되도록 했습니다. 우리는 아주 사소한 문제에 있어서도 그냥 넘기지 않았습니다.[14]

시간이 지나면서 하딩은 「스타」에서 보내는 시간을 줄였다. 그 대신 그는 공화당에 소속되어 공직을 차지하는 데 온 힘을 기울였다.

---

14 Ibid, p.28.

03

가능성 있는
공화당원으로 성장

오하이오주 상원의원

1899년 7월 5일에 하딩은 자신의 신문인 「스타」에 "나는 오하이오주 제13 지역구의 주 상원의원 공화당 후보 지명전에 나섰다. 나는 후보로써 장점이 있다. 나는 계급으로 따지면 사병에 지나지 않지만 항상 건실하고 충성스러운 공화당원으로 활용가능성이 높다"라고 썼다.

하딩은 이렇다 할 경쟁자가 없이 주 상원의원 후보로 선출되었다. 후보가 된 하딩은 당선을 위해 최선을 다했다. 선거운동이 열리는 모든 지역에서 하딩은 뛰어난 연설로 청중을 매료시켰다. 유권자들은 어떤 주제라도 하딩의 목소리를 듣고자 했다. 한 지지자는 "그의 말은 모든 상황을 더욱 기쁘게 만든다"고 말했다.

선거운동이 한창인 어느 날 밤에 하딩은 리치우드 마을에 있는 다 쓰러져가는 호텔에서 휴식을 취하고 있었다. 호텔 뒷마당에서 열린 유세에서 하딩은 손님으로 이 호텔에 와 있는 해리 도허티를 만났다. 이때의 만남은 서로에게 별 느낌이 없었다. 당시 도허티는 오하이오주 공화당 정치세계에서 크고 작은 막후교섭 일을 하는 정치

보스였다. 도허티는 주로 은막에서 오하이오주 여러 공화당 후보를 돕고 선거자금을 마련하는 일을 했다.

1901년 하딩이 주 상원의원에 두 번째로 도전한 어느 날 도허티는 하딩을 다시 만났다. 막 연설을 마치고 앞자리에 앉아 있는 잘 생긴 하딩의 모습을 보고 도허티는 이렇게 생각했다.

이 정말 잘 생긴 대통령 같지 않은가![15]

하딩의 고향 카운티는 민주당 강세지역이었다. 하지만 인근 다른 카운티는 항상 공화당이 우세했다. 그런데 하딩은 다른 카운티에서는 물론 고향 카운티에서도 대대적인 지지를 받았다. 선거 날 저녁에 하딩은 자신의 집에 친구와 지지자를 초대했다. 하딩이 승리했다는 소식이 도착했을 때 고향친구들로 구성된 브라스 밴드가 당시 최고 인기 있는 노래인 "오늘밤 이 올드 타운에 뜨거운 시간이 있을 것입니다*There'll Be a Hot Time in the Old Town Tonight*"를 연주했다. 너무나 많은 사람들이 하딩의 집으로 몰려들어 입구 쪽에 나와 있는 베란다가 그 무게를 이기지 못해 무너지고 말았다.

---

15 https://en.wikipedia.org/wiki/Harry M. Daugherty (2023. 5. 30).

첫 번째 정치 경쟁에서 승리하는 기염을 토해냄으로써 하딩은 오하이오 주에서 당을 관리하고 있는 공화당 내 파당과의 우호적인 관계를 가질 수 있었다. 한 파당은 두 번의 오하이오 주지사를 지내고 연방 상원의원으로 있는 조셉 포에이커Joseph B. Foraker가 이끌었다. 그는 연설문을 흔들면서 연설하는 버릇이 유명했다. 그 때문에 그는 "화재 경보 조Fire Alarm Joe"라는 별명을 얻었다. 다른 파당은 역시 오하이오주 연방 상원의원인 마크 한나Mark Hanna가 이끌었다. 그는 클리브랜드 출신의 부유한 기업인으로 1896년 대통령 선거에서 윌리엄 매킨리William McKinley의 당선을 적극적으로 도운 인물이었다. 하딩은 당내에서 어떤 당파와도 분쟁을 일으키지 않았다. 그는 항상 두 당파와 좋은 관계를 유지했다. 이러한 입장은 하딩의 정치적 입지를 구축하는 데는 물론 그가 선거를 이기도록 하는데 큰 도움을 주었다.

1900년 1월 1일에 하딩은 오하이오의 주도인 콜럼버스의 여러 개의 방이 있는 집으로 이사를 했다. 이곳은 마리온에서 64㎞ 떨어진 곳이었다. 하딩은 오하이오주 상원에 사무실을 받았다. 이곳은 고급 가죽으로 만든 안락의자, 크리스털 샹들리에, 그리고 큰 책상이 갖추어져 있는 넓고 높은 공간이었다. 그야말로 덜컥 그리는 인쇄기와 초채한 개와 함께 지내는 「스타」의 사무실과는 하늘과 땅 차이였다. 하딩은 빠르게 화려하고 세련된 환경에 적응해갔다. 그는 빠르게 동료 주 상원의원을 친구로 만들어 갔다. 특히 그는 주 공화당 행사가 있을 때면 반드시 참석했다. 하딩은 누구든지 친구를 만드는 것이 자신의 입지를 빠르게 구축하는 길이라 확신했다. 이때 하딩이 진짜 친구로 만든 인물이 해리 도허티였다.

1900년에 여성 의원이 단 한 명도 없었던 오하이오주 의회에서 하딩은 늘 상 좋은 동료이자 좋은 친구였다. 하딩은 언제 어디에서라도 동료를 기쁘게 하는 농담이 준비되어 있었고 그들과 포커게임을 즐길 자세가 되어 있었다. 하딩은 친구들과 언제라도 인근 술집을 즐겨 찾았다. 의회에서나 다른 곳에서 정치적으로 반대자들이 서로 싸울 때면 하딩은 그들 모두를 재미있는 저녁모임에 반드시 초대했다. 사로 다른 의견으로 찢어진 의회에서 하딩은 언제나 갈등을 해소하는 중재자였다. 1901년에 주 상원의원 재선에 도전했고 너무나 쉽게 당선되었다.

1903년에 공화당은 클리브랜드의 은행업자인 마이론 헤릭Myron Herrick을 오하이오 주지사 후보로 지명했다. 동시에 그들은 하딩을 부지사 후보로 지명했다. 헤릭과 하딩은 쉽게 당선되었다. 그러나 곧바로 헤릭과 하딩의 지지자들 사이에서 갈등이 일어나 재선을 어렵게 만들었다. 하딩은 화해주의자로 최선을 다했지만 이번에는 소용이 없었다. 1905년 두 사람은 민주당에게 주지사와 부지사 자리를 넘겨주고 각자의 자리로 돌아갔다. 헤릭은 은행업자로 하딩은 마리온의 「스타」로 돌아갔다.

혼외정사

마리온으로 돌아 온 하딩은 「스타」의 사무실에서 옛날 친구들과 시시콜콜한 이야기를 하며 대부분의 시간을 보냈다. 이후 몇 년 동안 하딩은 미국의 여러 곳을 여행했다. 겨울에는 따뜻한 플로리다를 여행하고 여름에는 뉴잉글랜드 지역과 캐나다의 노바스코샤를 여행했다. 여행을 하지 않은 여름 동안에 하딩은 자주 이 도시 저 도시를 돌아다니며 당시 유행하고 있었던 순회 문화강연회 Chautauqua Circuit에서 강연을 했다.[16] 당시 하딩이 가장 선호

---

16 영화, 라디오, 텔레비전이 나오기 전에 순회 문화강습회는 매우 인기 있는 여름날의 여가 프로그램이었다. 텐트가 쳐지고 입장권이 팔렸다. 사람들은 다양한 주제로 초대된 명사의 강의를 돈 내고 기꺼이 듣고자 했다. 참가자들은 미국의 역

한 강연주제는 알렉산더 해밀턴Alexander Hamilton의 생애였다. 하딩은 미국경제와 기업 활동의 기반을 구축한 건국의 아버지 중 한사람인 해밀턴을 존경하고 있었다. 해밀턴은 미국이 위대한 산업국가로 발전할 것이기 때문에 정부는 개인 기업을 도와주고 보호해야한다고 주장했다. 100년이 지난 지금 하딩은 해밀턴의 비전이 완전히 실현되어야만 한다고 생각했다.

1905년 아직 오하이오주 부지사의 임기에 있을 때 아내 플로렌스가 몹시도 아팠다. 의사는 그녀의 신장 중 하나를 제거하지 않으면 안 된다고 진단했다. 아직 항생제가 일반화되기 전이라 이런 수술은 극도로 위험했다. 플로렌스는 엄청난 고통을 겪으며 5개월이나 콜럼부스의 병원에서 보냈다. 하딩은 아내가 수술을 하고 몹시도 아플 때는 아내 병실을 지켰지만 그녀가 점점 회복되어가자 마리온으로 돌아왔다.

아내가 없는 마리온에서 하딩은 남편이 있는 다른 여자를 탐했다. 그는 거의 매일 저녁마다 마리온의 한 기업인의 아내인 캐리 필립스Carrie Phillips를 찾아갔다. 그녀

사는 물론 그리스 신화, 아프리카 예술, 프랑스의 왕과 왕비의 이야기 등 거의 모든 주제에 대해 배울 수 있었다. 또한 그들은 여름날 저녁에는 종종 막간을 통해 오락을 즐길 수 있었는데 가수의 노래, 곡예사의 묘기, 그리고 훈련받은 동물들의 진기한 행동을 보고 환호했다.

캐리 필립스

의 남편인 짐 필립스Jim Phillips는 하딩의 오랜 친구들 중 한
사람이었다. 캐리의 남편 역시 여러 가지 질병으로 마리
온을 자주 떠나 있었다. 당시 필립스 부부는 아들이 하나
있었는데 2살이 되기 전에 죽었다. 하딩은 위로 차 방문
한 친구의 집에서 친구의 아내와 정사를 벌였다. 그러니
까 아내와 남편이 아플 때 하딩과 캐리가 바람을 피웠던
것이었다.

　캐리는 아내 플로렌스가 가지지 못한 모든 것을 가지
고 있었다. 우선 캐리는 젊었다. 아내 플로렌스가 하딩보
다 여섯 살 많은데 캐리는 하딩보다 9살 연하였다. 젊었
을 뿐만 아니라 예쁘고 우아하고 언제나 생기가 넘쳤다.
이후 15년 동안 하딩과 캐리 필립스는 비밀연애를 이어
갔다. 그들이 떨어져 있을 때 하딩은 캐리에게 감상적이

고 아주 애로틱한 편지를 썼다. 어떤 편지는 50페이지 혹은 60페이지를 넘는 것도 있었다. 초기의 편지는 일반봉투였지만 하딩이 연방 상원의원이 되고나서는 상원의 공식 편지지와 푸른색 봉투를 사용했다. 하딩이 죽고 나서 아내 플로렌스가 편지의 대부분을 태워버렸는데 용케도 그 중 일부가 남아 있었다. 연방의회는 하딩의 편지를 봉인하여 100년 후에 공개하도록 했다. 최근에 공개된 어떤 편지에는 하딩이 캐리에게 그녀의 머리칼, 눈, 입술, 광대뼈, 귓불, 목, 어깨, 가슴, 그리고 허벅지가 몹시도 그립다는 내용이 있다.[17]

아내 플로렌스는 남편 하딩이 다른 여자들의 매력에 곧잘 유혹된다는 것을 알고 있었다. 하지만 그녀는 남편 친구의 아내인 캐리 필립스와의 관계는 전혀 눈치 채지 못했다. 설마 친구의 아내와 … 그렇게 생각한 것이 아닌가 여겨진다. 심지어 1909년에는 하딩 부부와 필립스 부부는 부부 동반으로 유럽여행을 함께 다녀오기도 했다. 그것도 10주씩이나 말이다. 이 긴 여행을 하면서 하딩과 캐리는 어떻게 지냈는지 알려지지 않고 있다. 그런데도 플로렌스는 눈치를 채지 못했다. 그런 중에 플로렌스는

---

17 https://www.loc.gov/collections/warren-harding-carrie-fulton-phillips-correspondence/about-this-collection/ (2023. 6. 20)

남편 일을 돕는데 최선을 다했고 많은 도움을 주었다. 다른 사람들도 하딩부부에게서 아무런 문제를 발견하지 못했다. 플로렌스는 남편 하딩의 야심을 함께 나누고 남편이 야심을 키워가도록 독려했다.

새로운 도전과 실패

1900년이 되면서 공화당이 점차적으로 분리되기 시작했다. 1901년에 부통령이었던 시어도어 루스벨트Theodore Roosevelt가 대통령 윌리엄 매킨리가 암살당함으로 인해 대통령에 올랐다. 시어도어는 공화당 내 혁신주의의 리더로 대통령이 되자 대중으로부터 대대적인 지지를 받았다. 그의 정책의 핵심은 기업에 대한 정부규제를 확대하고 국가의 땅과 자원에 대한 정부의 통제를 확대하는 것이었다. 1908년 시어도어는 당시 국무장관이었던 윌리엄 하워드 태프트William H. Taft가 자신의 정책을 계승한다는 약속을 믿고 대통령직을 그만두었다. 태프트는 타고난 보수주의 성향을 감추고 대통령에 당선되었다.

1909년에 태프트가 대통령에 취임하자 공화당 내 보수주의자들이 당의 모든 실권을 장악했다. 이렇게 되자 다른 지역은 물론이고 오하이오주 역시 혁신주의와 보수주의가 대립을 하지 않을 수가 없었다. 당이 대립과 갈등으로 치닫는 시기에 오하이오주 공화당 지도부는 워렌 하딩을 타협 인물로 주지사 후보에 지명했다. 하지만 하딩은 사실상 보수주의 성향을 마음속에 감추고 있는 인물이었다. 그는 좀처럼 갈등을 초래할 수 있는 문제에 대해서는 그 어떤 의견도 피력하지 않았다. 그렇기 때문에 당내 혁신주의자들도 하딩을 멀리하지 않았다.

마리온의 시민은 자신들의 고향이 낳은 사람이 주지사 후보가 된 것에 고양되었다. 선거 전날 저녁 하딩의 지지자 3천 명이 마리온 거리에 모여 이른바 "사전 승리 pre-victory" 행진을 벌였다. 마운트버넌 거리에 있는 자신의 집 앞에 나와 선 하딩은 지나가는 거의 모든 사람과 악수했다. 성조기를 비롯한 여러 가지 깃발이 휘날렸다. 아홉 명으로 구성된 밴드가 애국적인 노래를 연주했다. 거리에 플래카드가 걸렸다. "추진체를 점화하라. 마리온의 아들, 하딩에게 투표하라"

하딩은 자신이 승리할 것이라 확신했다. 그것도 보수주의를 대표하는 태프트도 혁신주의를 대표하는 시어도어도 하딩의 당선을 위해 오하이오로 달려왔으니 말이다. 그러나 투표 후 집계가 끝났을 때 하딩은 현직 주지사인 민주당의 저드슨 하몬Hudson Harmon에게 패배했다는 것을 알았다. 하딩은 민주당이 혁신주의 물결을 타고 있다는 것을 과소평가했을 뿐만 아니라 공화당 내 혁신주의와 보수주의의 갈등이 봉합되지 않음을 그리 심각하게 생각하지 않았다. 하딩은 오하이오 주민들에게 배반당했음을 느끼고 패배에 크게 실망했다. 그는 친구들에게 영원히 정치를 떠날 것이라 말했다. 하지만 몇 주 후 하딩은 한 친구에게 자신과 전혀 어울리지 않는 다소 철학적인 냄새가 나는 편지를 보냈다.

…나는 언제라도 다시 벌 수 있는 몇 달러, 언제라도 다시 찔 수 있는 몇 파운드의 살, 내가 버릴 수 있는 몇 명의 거짓 친구, 그리고 단순히 나의 자유를 구속하고 행복을 누리는 데는 도움이 되지 않는 야심을 제외하고 잃은 것이 아무것도 없습니다.[18]

하딩은 주지사 선거에서 잃은 것이 별로 없기 때문에 언제라도 다시 정치를 시작할 수 있다고 에둘러 표현했다.

18 Canadeo, *Warren G. Harding*, p.38.

전국적 인물로 급부상

1912년 하딩은 오하이오주 공화당을 대표하여 공화당 전국위원회가 열리고 있는 시카고로 갔다. 당시 대통령 태프트는 공화 당내 보수주의자들의 지지를 한 몸에 받으면서 재선을 위한 대통령 후보 지명전에 나섰다. 하지만 이번에는 지난번 대통령 선거에서 자신에게 물려주다시피 한 시어도어 루스벨트가 공화당 내 혁신주의 세력을 지지를 바탕으로 후보 지명전에 나섰다. 하딩은 4년 전의 어정쩡한 태도를 버리고 이번에는 태프트를 강하게 지지했다. 하딩은 태프트의 이름을 지명전에 올리는 사람으로 선발되었다. 시어도어 지지자들은 하딩이 일어나 연설을 하자 심한 야유를 퍼부었다. 단상에서 하딩이 태프트의 덕성을 칭찬하자 양 세력 지지자들 간에 격심한 충돌과 주먹다짐이 오고갔다. 강한 충돌에도 불구하고 하딩은 우레와 같은 박수 속에서 지명지지 연설을 마쳤다.[19] 우여곡절 끝에 태프트는 대통령 후보에 지명되었다. 하지만 혁신주의 세력은 당을 떠나 새로운 혁신주의

---

19 1912 Republican Convention.

당을 세우고 시어도어를 대통령 후보로 지명했다. 결국 가을 선거에서 분열된 공화당은 민주당의 윌슨에게 패배했다.

하딩은 전국적 차원의 정치무대를 경험하고 난 후 내재되어 있는 정치적 야심을 드러냈다. 1914년 연방 상원의원 선거에서 하딩은 보수주의자들의 지지를 받아 자신의 오랜 정치적 멘토였던 조셉 포에이커를 물리치고 오하이오주 연방 상원의원 후보가 되었다. 민주당의 상대 후보는 오하이오주 검찰총장인 티모시 호건(Timothy S. Hogan)이었다. 오하이오주 유권자 대부분은 프로테스탄트를 신봉하고 있지만 호건은 아일랜드계 가톨릭 신도였다. 뿐만 아니라 당시 미국 전역에서는 반(反)가톨릭 감정이 강했다. 이에 하딩의 지지자들은 이것을 충분히 이용하고자 했다. 그들은 하딩의 지역구의 벽에 반가톨릭 시로 도배했다.

위협을 인식하고 약을 처방하라.
투표소로 가서 교황을 처단하라. [20]

하딩은 결코 호건의 종교에 대해 언급하지 않았다. 그

---

[20] Ibid, p.39.

렇다고 그는 지지자들이 기회가 있을 때마다 종교문제를 부각시키는 것을 굳이 막지 않았다. 하딩은 호건을 100,000표차로 쉽게 물리쳤다. 1914년 11월에 하딩은 연방 상원의원에 당선되었지만 그 임기의 시작은 1년 이상이 남은 1915년 12월이었다. 운이 좋아 혹은 다른 어떤 힘의 작용으로 선거에 당선될 수가 있다. 선거에 당선된 대부분의 사람들은 공부를 통해 자신의 직책을 잘 수행하기 위한 준비를 하는 것이 일반적이다. 하지만 하딩은 남은 시간 대부분을 여행하는 데 보냈다. 자신이 잘 알지 못하는 전국차원의 정치를 어떻게 하면 잘 할 수 있는가는 전혀 생각지 않았다. 하딩은 아내 플로렌스와 함께 텍사스에 있는 친구를 방문했고, 남서부 지역을 지나 캘리포니아를 방문했다. 거기에서 다시 배를 타고 하와이를 방문했다. 하와이에서 그들은 찰스 포버스(Charles R. Forbes)라는 잘 생기고 매력이 넘치는 해군 엔지니어를 만났다. 당시 포버스는 진주만에 해군기지를 건설하는 공사를 감독하고 있었다. 하딩 부부는 포버스의 환대를 받고 그를 대단히 좋게 생각했다. 하딩은 대통령이 되고 나서 포버스를 재향군인회 회장으로 임명했다.

1915년 11월이 되자 하딩부부는 수도 워싱턴의 와이오밍가에 있는 큰 벽돌집을 구입해 이사했다. 하딩은 곧바로 연방 상원의원의 일원으로 새로운 차원의 생활을 시작했다. 하지만 얼마동안은 여러 면에서 오하이오의 시골출신 티를 벗어나지 못했다. 하딩은 세련된 워싱턴 거리를 걷고 화려한 환경 속에 생활했지만 자주 향수병에 휩쓸렸다. 하딩은 한 친구에게 "나는 여기서 하는 일이 마음에 들기는 하지만 고향 신문사에서 너희들과 진탕 노는 것이 정말 그립다"는 편지를 썼다.

04

연방 상원의원에서 대통령에
당선되기까지

찬성도 아니고 반대도 아니고

오하이오주 조그만 시골에서 작은 신문사를 운영하던 하딩이 연방 상원의원이 되었다. 연방 상원은 거의 1세기 이상을 이 나라 역사를 좌지우지해 왔다. 하딩은 부유하고 강력한 힘을 가진 연방 상원의원들과 같은 신분이 된 것에 전율과 흥분을 느꼈다. 하지만 시골 촌티를 벗어나지 못한 하딩은 이 나라 전체의 문제를 다루는 전국적인 문제는 물론 국제문제를 전혀 알지를 못했다. 사실 전혀 독서를 하지 않고 또 필요한 지식을 얻고자 하는 진지함이 없었던 하딩은 전국적이고 국제적인 문제의 진정한 의미와 복잡한 상관관계를 알 수가 없었다.

사실 자신이 그런 문제에 대한 지식이나 지혜가 턱없이 부족하다는 것을 알고 있었지만 하딩은 그런 문제를 이해하고자 하는 어떤 노력도 하지 않았다. 노력은커녕 관심 자체가 없었다. 하딩에게는 대부분의 훌륭한 리더의 가장 일반적인 성장이유인 독서를 거의 하지 않았다. 이런 문제를 직면하게 되면 하딩은 오로지 전혀 근거 없는 감(感)이나 자신이 풍기고 있는 외관상의 모습에만 의

지했다. 하딩은 빠르게 다른 상원의원을 친구로 만들어 갔다.

당시 하딩의 동료였던 뉴욕주 연방 상원의원인 제임스 워즈워스 2세James Wadworth Jr.는 후에 하딩에 대해 "본질적으로 그는 보수주의자이다. 그러나 마음이 언제나 혁신주의 운동에 진짜 열려 있었다"고 말했다.[21] 워즈워스가 말한 하딩의 마음이 열려 있다는 것은 그가 진정으로 개방적인 마음을 가진 것이 아니라 어떤 논쟁이 일어났을 때 하나의 입장을 취하는 것을 꺼리는 것을 의미했다. 어떤 주제에 대해 논쟁과 갈등이 일어났을 때 하딩은 언제나 그것에 입장을 표명하거나 나서지 않았다. 만약 어떤 제안이나 법안이 통과될 것이 확실하게 될 때는 하딩은 손을 들어 찬성을 표시했다. 예를 들어 공화당 출신 의원 대부분이 여성에게 투표할 수 있는 법안에 대해 찬성하는 징후가 명확해지자 그제서야 하딩은 여성 참정권을 적극 찬성했다. 오! 마이 갓! 갓! 갓! 이런 수동적인 인간이라고 ⋯. 이뿐이 아니었다. 하딩은 일찍부터 술을 즐겨 마셨다. 그런 만큼 하딩은 당시 이슈가 되고 있었던 알코올 금지 법안을 반대했다. 하지만 하딩은 알코올 유통과

---

21 Martin L Fausold, *James W. Wadsworth, Jr: The gentleman from New York* (New York: Syracuse University Press, 1975), p.77.

섭취를 반대하는 유권자들을 의식에서 금주법에 찬성표를 던졌다.

하딩이 연방 상원의원으로 있었던 6년 동안 그는 결코 적지 않은 134개 법안을 제안했다. 그러나 그 중에서 의미가 있거나 중요한 것은 단 하나도 없었다. 하딩이 제안한 법안의 모두는 아주 지엽적이거나 오하이오 지역구 주민에게만 유리한 내용이었다. 하딩이 제안한 법안 중 국가적인 차원의 성질의 것은 1920년 필그림 상륙을 축하하는 법안, 노숙자에게 텐트를 제공하는 법안, 공립학교의 스페인어 교육 보조법안, 오하이오주 출신 대통령인 윌리엄 매킨리의 탄생지 보존법안 등이었다. 이러한 등외 수준의 정치적 행동은 하딩 자신에게는 하나의 지켜야만 하는 중요한 덕성과도 같은 것이었다. 말하자면 이런 법안들은 다른 사람들이 그를 결코 적으로 만들 여지가 없었다.

시간이 흘러 다시 대통령 선거 때가 다가오자 공화당 지도부는 1912년 태프트를 위해 자극적인 연설을 한 워렌 하딩을 생각했다. 그들은 1916년 대통령 선거를 위한 전당대회 의장으로 하딩을 선택했다. 그들은 역시 전당대회의 핵심 연설을 하딩에게 요청했다. 당시 공화당 내 혁신주의 세력은 그 힘을 거의 상실했지만 그럼에도 공화당은 어느 때보다도 단합하지 못하고 있었다. 그런 만큼 전당대회에 참석한 대의원들은 일정 하나하나가 재미없고 관심도 없었다. 이에 더해 당시 현직 대통령인 민주당의 우드로 윌슨이 여전히 인기가 있었기 때문에 그를 대적할만한 특출한 대항마를 고르지 못하고 있었다.

당 지도부의 선택에 우쭐해진 하딩은 목소리를 높인 연설을 통해 전당대회 분위기를 일신하려고 했다. 하지만 하딩의 그 어떤 시도에도 참석한 대의원들의 반응은 시큰둥했다. 하딩의 연설은 무려 두 시간이나 질질 끌었다. 연설 말미에 전당대회 장은 텅텅 비었다. 「뉴욕 타임즈New York Times」의 한 기자는 1916년 공화당 전당대회에 대해 "시카고 전당대회의 하딩의 연설은 열광 속에서 이루어졌어야만 했다"고 썼다. 하지만 전당대회 연설사상 가장 맥없고 자극 없는 연설이었다. 이에 하딩은 크게 실망했다. 하딩은 대중 연설가로서의 자신의 역량이 턱없이 부족하다는 것을 만천하에 각인시키는 계기가 되었다고 생각했다. 하딩은 한 친구에게 다음과 같이 말했다.

시카고에서 놀림감이 된 이후로 나는 대중연설에 대한 확신이 더 이상 생기지 않아.[22]

---

[22] Canadeo, *Warren G. Harding*, p.46,

하딩이 연방 상원의원으로 있는 동안 유럽은 전쟁에 휘말리고 있었다. 1914년 여름에 시작된 1차 세계대전에 미국은 상당기간 중립을 유지하고 있었다. 하지만 1917년이 되자 독일을 상대로 미국이 전쟁에 개입해야 한다는 압박이 강하게 나타났다. 하딩은 상원의원으로서 미국이 전쟁을 선언하는 것에 대한 그 어떤 입장을 취해야만 했다.

그 무렵 하딩은 마리온에 살고 있는 애인 캐리 필립스로부터 한 통의 편지를 받았다. 전쟁이 일어나기 전 하딩과 필립스의 부정한 관계가 아내 플로렌스에게 발각되어 그녀는 독일로 가서 생활하고 있었다. 그녀는 독일에서 독립문화에 심취해 독일 옹호자로 변해 있었다. 그동안 하딩은 연방 상원의원에 당선되었다. 미국의 전쟁개입 기운이 일자 필립스는 마리온으로 돌아와 있었다. 그녀는 하딩을 압박했다.

만약 당신이 연방 상원에서 독일을 반대하는 여론에 편성한다면 나는 당신이 나에게 보낸 편지뭉치 모두를 공개할 것입니다. 나는 당신의 결혼생활과 당신의 정치경력을 망가뜨릴 수 있습니다.[23]

---

23 https://en.wikipedia.org/wiki/Carrie_Fulton_Phillips (2023. 5. 31).

4월에 대통령 윌슨은 미국이 전쟁선포를 할 수 있도록 의회에 요청했다. 당시 전쟁선포에 대한 여론은 거의 만장일치로 찬성이었다. 상원의원 대부분이 자발적으로 일어나 열렬한 애국적 연설을 하자 우레와 같은 박수가 쏟아져 나왔다. 그러나 상원의원 하딩 차례가 되고 그가 발언하자 장내는 찬물을 끼얹은 분위기와 비슷했다. 그는 다음과 같이 말했다.

지구상의 어떤 나라가 어떤 형태의 정부를 선택하던 그것은 우리가 알 바가 아니라는 것이 저의 신중한 판단입니다. 독일인은 분명 그들 정부에 아주 만족하고 있다고 생각합니다.[24]

과연 어중간한 태도의 달인, 하딩이 아닌가? 아마도 하딩의 이 발언을 누구보다도 귀를 세워 들은 이는 애인 필립스였을 것이다. 그리고 그녀는 하딩의 발언에 만족했음이 틀림없다. 하딩은 어중간한 태도를 취했음에도 궁극적으로 전쟁에 찬성하는 표를 던졌고 이를 축하하는 행사에 참여했다. 그럼에도 그녀는 편지를 공개하고 않고 비밀을 유지했다.

---

24 Address to Congress Requesting a Declaration of War Against Germany (April 2, 1917).

새로운 애인과 새로운 친구

1917년 5월 하딩은 낸 브리턴Nan Britton이라는 젊은 여성으로부터 한 통의 편지를 받았다. 그녀는 마리온 출생으로 그곳에서 자라나 고등학교를 졸업하고 뉴욕으로 가 비서로 일하고 있었다. 그녀는 편지에 다음과 같이 썼다.

나는 당신이 나를 기억하실지 몰라 걱정입니다. 나는 6년 전인 저가 14살 때부터 하딩 당신에게 완전히 반했습니다. 그때부터 저는 마리온 시내에서 당신만을 따라 다녔습니다. 어떻게 해서라도 당신의 관심을 끌기 위해 당신 주변에서 얼쩡거렸습니다. …지금은 뉴욕으로 이사해 타이피스트로 일하고 있습니다. …나에게 적절한 일자리를 마련해 줄 수 있는지요?[25]

이 편지를 받고 하딩은 조금도 망설이지 않고 답장을 보냈다. 하딩은 다음 주에 뉴욕을 방문할 것이고 거기에서 낸을 만날 수 있다고 하면서 당연히 낸을 기억하고 있다고 말했다. 하딩은 뉴욕에서 앤을 만났고 그녀를 곧바

25 John Dean, *Warren Harding*(New York: Time Books, 2004), p.91.

로 워싱턴으로 데리고 와 적절한 일자리를 마련해 주었다. 하딩과 앤은 자주 만났고 어떨 때는 자신의 의원 사무실에서 만났다. 그들이 헤어져 있게 될 때는 하딩은 어김없이 앤에게 지난 애인인 캐리 필립스에게 보낸 것과 같은 길고 열정정적 러브레터를 보냈다. 1919년에 앤은 딸을 낳았는데 이름을 엘리자베스 앤Elizabeth Ann으로 지었다. 얼마 후 앤은 아이의 아버지가 하딩이라고 말했다. 하딩은 엘리자베스를 단 한 번도 만나지 않았다. 그럼에도 그는 앤에게 아이를 양육하라고 정기적으로 돈을 보냈다. 하딩의 요구에 의해 앤은 엘리자베스를 자신의 여동생 부부의 자식으로 입양시켰다. 여러 기록과 증언에 의하면 그 후에도 하딩은 앤을 자주 만났다. 심지어 하딩은 대통령이 된 후에도 앤을 정기적으로 만났다. 그럼에도 하딩과 앤의 오랜 부정 연애사건은 하딩이 살아 있는 동안에는 알려지지 않았다. 이들의 연애사건이 공개된 것은 1927년 앤이 자신과 하딩의 연애를 다루는 놀라운 책이 출판된 이후였다. 여기에서 앤은 백악관 벽장에서 하딩 대통령과 성관계를 종종 즐겼다고 고백했다. 앤이 쓴 『대통령의 딸』은 출판하자마자 베스트셀러가 되었다. 앤은 여기에서 나온 인세를 미혼모와 그 자녀를 위한

낸 브리턴과 딸 엘리자베스

자선 모임인 '엘리자베스 앤 연맹Alizabeth Ann League'을 만들
어 여기에 기부했다.[26]

　연방 상원의원으로 있는 동안 하딩은 마리온의 옛 친
구들과도 친하게 지냈다. 그는 마리온 이웃집의 아들인
조지 크리스천George Christian을 워싱턴으로 데리고 와 자신
의 개인비서로 일하게 했다. 크리스천은 이내 하딩의 헌
신적인 보좌관이자 친구가 되었다. 그는 하딩의 약속을
관리했으며, 편지를 대필하고, 심지어 하딩의 집을 돌보
는 일까지 했다.

　그러는 동안 하딩부부는 워싱턴 지역사회에서 점점 알
려지기 시작했다. 하딩은 와이오밍 거리에 있는 자기 집

26　Nan Britton, *The President's Daughter* (New York: Ishi Press, 2008), p.201.

에서 자주 포커게임을 열었다. 남편이 포커게임을 하며 잡담을 나누는 동안 아내 플로렌스는 스낵과 마실 거리를 대접했다. 하딩부부의 환대에 대한 보답으로 그들은 워싱턴 정가의 유력인사들의 집으로 자주 초대받았다.

오하이오주 연방 하원의원인 닉 롱워스Nick Longworth와 그의 아내 앨리스 루스벨트 롱워스Alice Roosevelt Longworth는 당시 워싱턴 정가에서 가장 눈에 띄는 인사였다. 앨리스는 전 대통령이었던 시어도어 루스벨트의 딸이었다. 당시 그녀는 부적절한 유머를 구사하는 사람으로 소문이 나있었다. 백악관에서 열린 한 파티에서 앨리스는 옆에 있는 다른 손님에게 "만약 어떤 사람에 대해 칭찬의 말을 하지 못하면 내 옆에 와서 앉아세요"라고 말했다.[27] 하딩부부와 친구가 되어 가까이에서 하딩의 대통령직을 살펴

---

27 앨리스는 아버지가 대통령 시절인 1905년 9월 당시 국무장관이었던 윌리엄 태프트를 단장으로 하는 미국 사절단 일원으로 대한제국을 방문했다. 고종은 믿었던 러시아마저 일본에게 패배하고 나라의 국권이 온전히 일본에게 넘어갈 시점에 지푸라기라도 잡을 요량으로 미국 사절단을 초대했다. 하지만 단장인 태프트가 7월에 일본에 들러 총리인 카쓰라를 만나 일본은 대한제국을 차지하고 미국은 필리핀을 차지하기로 비밀협약을 맺은 상태였다. 아무 것도 모르는 고종은 미국 사절단을 극진하게 모셨다. 이때 미국의 공주였던 앨리스는 명성황후의 능인 홍릉을 방문하여 그곳에 있는 코끼리 조각상에 올라 사진을 찍은 무례를 저질렀다. 이런 행동은 결코 용서할 수 없는 일이었으나 고종은 침묵했다. 하지만 그해 11월 일본은 을사조약으로 대한제국의 국권을 빼앗았다.

볼 수 있었던 앨리스는 그 후 자신의 책에서 다음과 같이
썼다.

　하딩은 나쁜 사람은 결코 아닙니다. 하지만 그는 아무
짝에도 쓸모없는 바보임에 틀림없습니다.[28]

　롱워스부부가 주최한 한 상류사회 파티에서 하딩부부
는 에드워드와 에발린 맥린Edward and Evakyn McLean부부를 만
났다. 맥린부부는 어마어마한 재산을 유산으로 받았는데
그들의 사치와 낭비는 한계가 없을 정도였다. 그들은 철
도회사, 신문사, 그리고 수많은 다른 회사도 소유하고 있
었고 아주 최신의 고급 저택에서 살면서 최고급 옷을 입
고 다녔다. 에발린은 값비싼 보석을 끔찍이도 좋아했는
데 당시 그녀는 '저주받은 블루다이아몬드'로 알려진 그
유명한 '호프 다이아몬드Hope Diamond'를 소유하고 있었
다.[29] 하딩부부와 맥린부부는 거의 모든 부분에서 너무나
달랐는데 그들은 하딩이 대통령으로 있을 때가지 아주
친하게 지냈다.

---

28 Alice R. Longworth, *Crowded Hours* (New York: Scribner's, 1933), p. 324.

29 약 44.5캐럿 무게의 이 다이아몬드의 현재 가격은 약 2억 5천만 달러라고 한다.
우리 돈으로 환산하면 약 3천 2백억 원에 달한다. 현재 소미소니언 박물관에
있다.

최악의 타협 후보

1918년이 되자 연합군은 독일군을 벨기에와 프랑스 영토로부터 몰아내기 시작했다. 1918년 11월 11일 독일 정부는 드디어 전쟁을 끝내는 휴전을 요청했다. 전쟁으로 수백만 명에 달하는 군인과 민간인이 죽었다. 세계인들은 다시는 이런 끔찍한 전쟁이 일어나지 않기를 간절히 바랐다.

윌슨 대통령은 이른바 '국제연맹League of Nations'이라는 국제조직을 설립함으로써 미래에 있을 전쟁을 피할 수 있는 야심찬 계획을 제안했다. 1918년 12월에 윌슨은 평화회의에 참가하기 위해 프랑스로 가서 자신의 계획의 실현을 위해 노력했다. 회의가 열리는 동안 윌슨은 많은 내용을 타협으로 양보하지 않을 수가 없었다. 특히 그가 공들인 국제연맹의 설립 안은 1919년 6월이 되어서야 합의되었다.

평화회의 결과로 미국이 얻은 것은 거의 없는 가운데 윌슨 대통령은 미국으로 돌아왔다. 윌슨은 미국인 대부분이 자신이 제안한 국제조직에 대해 별 관심이 없거나 상당히 지겨워한다는 것을 알았다. 미국인들은 미국이 또다시 다른 나라의 문제에 관심을 보이고 그 문제를 해결해야만 하는지에 대해 의문을 품고 있었다. 미국인들은 미국이 국제연맹의 회원이 되는 순간 미국을 자연적으로 다른 나라의 전쟁에 끌고 들어가게 될 것이라 걱정했다. 국제연맹 가입에 대한 반대운동을 이끈 인물은 공화당 매사추세츠주 연방 상원의원인 핸리 캐봇 로지Henry Cabot Logde였다. 그는 상원의 외교관계위원회의 의장직을 맡고 있었다.

의회는 물론이고 국민 여론의 반감이 가득한 가운데 윌슨 대통령은 미국의 국제연맹 가입을 촉구하기 위한 야심 찬 전국 여행을 떠났다. 하지만 로지 역시 윌슨의 뒤를 따르면서 반대를 촉구했다. 당시 하딩은 로지와 다른 공화당 주류 세력에 편승했다. 하딩은 의회에서 미국의 국제연맹 가입 문제에 대해 다음과 같이 말했다.

국제연맹 규약은 그것에 가입한 나라들로 구성된 거대한 정부를 만들어 내거나 아니면 이 시대 최악의 엄청난 실망을 초래하거나 할 것이라는 생각이 저의 신중한 판단입니다. 이 나라는 어떠한 경우라도 이것을 비준해서

는 안 된다고 생각합니다. [30]

하딩의 연설을 들은 청중은 열광했다.

지친 윌슨 대통령은 연설 여행을 포기하고 워싱턴으로 돌아왔다. 얼마 후 윌슨은 뇌출혈에 걸려 신체의 왼쪽 부분이 마비되었다. 그 후 남아 있는 대통령 임기 17개월 동안 윌슨은 신체적으로는 물론 감정적으로도 백악관에 칩거했다. 윌슨이 대통령으로 있는 동안 미국인들은 국제연맹에 대한 이러저러한 논쟁에 지쳐갔다. 미국인들은 미국을 유럽 전쟁에 개입시킨 것과 전쟁이 끝나자마자 경제가 침체한 것에 대해 윌슨 대통령과 민주당 정부를 비난했다. 이런 분위기 속에서 1920년 대통령 선거에서는 공화당 후보가 당선될 가능성이 대단히 높았다. 문제는 대통령을 뽑는 본선보다 공화당 후보를 누구로 선발하는가 하는 공화당 전당대회였다.

전 대통령 시어도어 루스벨트가 다시 출마를 선언했다. 하지만 그는 1919년 1월에 갑자기 사망했다. 시어도어의 죽음은 공화당 대통령 후보를 난립하게 만들어 무려 29명의 주자가 출사표를 던졌다. 그 중 시어도어 루스

---

30 Warren G. Harding, U.S. Senator from Ohio, Encouraging Reservations to the League of Nations Covenant (November 11, 1919).

벨트의 오랜 친구인 레너드 우드 장군이 그를 계승하는 후보로 생각되어 강한 지지를 받고 있었다. 하지만 이에 일리노이주 주지사인 프랭크 로우던도 막상막하의 지지를 받고 있었다. 이것이 문제였다. 후보가 난립하고 강력한 두 후보가 경쟁하는 가운데 공화당 전당대회는 고착 상태에 빠지지 않을 수가 없었다. 어느 후보도 대통령 후보로 결정되는 과반 투표수를 획득하지 못하고 투표 차수만 더해갔다. 1, 2위를 달리고 있었던 우드와 로우던이 둘 다 혁신주의 성향이 강한 후보였다는 사실이다. 이런 가운데 공화당 내에서 혁신주의 세력과 완전히 화해하지 않고 있었던 보수주의 세력은 자신들의 구미에 적합한 후보를 원하고 있었다. 후보를 결정하는 투표 차수를 더해가는 가운데 그들은 기업 활동을 장려하고 정부지출을 줄이는 보수주의 정책을 자신들과 함께 어울려 수행해 나갈 후보를 찾고 있었다. 당시 하딩은 출마한 29명의 후보 중 6차 투표까지 단지 6위에 지나지 않았다. 그때 누군가가 상원의원 워렌 하딩이 우리가 찾고 있는 보수주의 후보가 될 수 있을 것이라 말했다.

처음에 심지어 전당대회가 시작된 이후에도 어떤 사람이 하딩에게 대통령 후보 경선에 출마하는 여부를 물을 때 하딩은 뒤로 물러났다. 하딩은 그럴 때마다 나는 상원에 머무는 것이 좋다고 말했다. 사실상 오하이오주 작은 마을 수준의 도시인 마리온에서 작은 신문사밖에 조직을 책임진 경험 외에 미천한 경력을 가진 하딩에게 한 나라, 그것도 세계 최강의 국가로 도약하고 있는 나라의 대통령직은 그의 능력의 한계를 훨씬 초월하는 자리였다. 그런데 오랜 친구인 해리 도허티는 하딩의 생각을 바꾸기로 결심했다. 도허티는 의회가 열리지 않는 어느 날 고향 오하이오를 방문한 하딩에게 접근했다. 그는 하딩과 저녁을 한 후 두 사람만의 시간을 가졌다. 무려 6시간이나 이야기를 나누고 난 뒤 하딩은 도허티에게 이렇게 말했다.

내가 대통령 후보 경선에 나갈 만큼의 큰 인물이라고 생각하십니까?[31]

누구보다도 스스로의 능력과 자질의 한계를 알고 있었던 하딩의 솔직한 질문이었다. 이에 도허티는 조금도 망설이지 않고 이렇게 말했다.

웃기는 소리 하지 마세요! 대통령 자리에 반드시 위대한 인물이 앉아야 하는 시대는 이미 끝났습니다. 대통령

31 Francis Russel, *The Shadow of Blooming Grove* (New York: MaGraw-Hill, 1968), p.334.

의 위대함이란 완전한 환상에 불과한 것입니다.[32]

도허티의 희망대로 하딩은 후보경선에 뛰어들었다. 경선과정을 통해 우드와 로우던이 여전히 선두주자였지만 도허티는 결국에는 하딩이 타협후보로 낙점될 것이라 확신했다. 그는 공화당 내에 존재하고 있는 서로 불신하는 파당그룹을 만족시킬 수 있는 후보는 하딩밖에 없음을 감지하고 있었다. 도허티의 예견을 적중했다.

나는 상원의원 하딩이 첫째, 둘째, 셋째 … 결선 투표에서 후보로 지명되리라 생각하지 않습니다. 그러나 나는 전당대회가 열리는 금요일 새벽 2시 11분이 지나는 시점에 지루함에 지치고 더위에 녹초가 되어 있는 15명에서 20명가량의 공화당 지도부가 한 방에 둘러앉아 누군가가 "우리 누구를 지명하지?"라고 말할 것입니다. 바로 이 때 우리는 기회를 잡을 수 있습니다. 바로 그 순간 친구들이 하딩을 추천할 것이고 결국에는 그렇게 될 것입니다.[33]

후에 한 기자가 담배 연기로 뿌연 방을 묘사했다. 이것이 계기가 되어 하딩은 담배 연기 자욱한 방에 모인 당

---

32 Ibid.

33 Ibid, pp.341-342.

내부인사들에 의해 지명되었다는 이야기가 회자되고 있다. 도허티의 예견은 정확하게 들어맞았다. 우드와 로우던의 격한 경쟁이 경선을 교착상태로 몰고 가는 중에 공화당 지도부가 시카고 블랙스톤 호텔 스위트룸에 모였다. 경선에 출마한 가능성이 있는 후보의 이름들 – 캘리포니아 주지사 하이램 존슨Hiram Johnson, 펜실베이니아주 연방 상원의원 윌리엄 스포로울William Sproul, 콜롬비아 대학 총장 니콜라스 버틀러Nicholas Butler, 캘빈 쿨리지 … – 그중 공화당 내 인사들에게서 반감이 가장 적은 워렌 하딩이 가장 적합한 인물로 여겨졌다. 진짜 도허티의 말대로 새벽 2시가 지난 시간에 공화당 지도부가 하딩을 후보로 지명하기로 합의했다. 미국의 대통령 후보를 결정하는 일이 오하이오 시골출신의 한 정치 몰이배의 생각에 의해 결정되었다는 것이 이해의 한계를 넘어선다.

다음 날 아침 동료 한 상원의원이 하딩에게 다가와 대통령 후보가 될 경우 혹시 그동안의 삶에서 당과 당 관계자들을 당황하게 만들 수 있는 어떤 것이 있는지를 물었다. 이 물음에 하딩은 약간 당황했지만 이내 마음을 가다듬고 잠시 생각할 시간이 필요하다고 말했다. 아마도 하딩은 캐리 필립스와의 연예사건, 또 낸 브리턴과의 연예와 사생아 문제, 자신이 아프리카계 미국인의 피를 가지고 있다는 것, 종종 자신을 괴롭혀 온 가슴통증 문제, 그리고 무엇보다 대통령이 되기에 능력과 자질이 턱없이 부족하다는 여론 등이 문제가 될 것이라 생각했을 것이다. 10분의 시간이 흐른 후 하딩은 다음과 같이 말했다.

무엇이 문제입니까? 저의 인생에는 저가 대통령을 출마하는데 문제가 될 수 있는 것이 아무 것도 없습니다. 하나님이 보시기에도 그럴 것입니다.[34]

거짓말이었다. 그야말로 새빨간 거짓말이었다. 오늘날과 같이 대통령 후보에 대한 텔레비전 토론회를 비롯한 어떤 검정 시스템이 없었던 당시에는 후보가 그렇다고 하면 그렇게 믿어버리는 것이 상례였다.

하딩의 지지자들은 여러 주 대표단을 돌아다니며 그들을 어르고 달랬다. 우드와 로우든을 지지하는 대의원들은 물론 다른 후보를 지지하던 대의원들도 이내 하딩에게로 표를 몰아 주었다. 10번째 투표를 통해 하딩은 공화당 대통령 후보로 결정되는 데 대의원 과반수 표를 획득했다. 밴드가 우렁차게 울렸다. 관중들은 우레와 같이

---

34 Morris R. Werner and John Starr, *Teapot Dome* (New York: Literary Licensing, LLC, 2012), p. 23.

환호했다. 하딩의 초상화가 그려진 플레카드가 전당대회 장 안팎을 휘날렸다. 시카고의 날씨는 열기를 더해갔다.

하딩도 흥분에 휩싸였다. 그는 웃음을 멈출 수 없었고 사람들과 연신 악수를 했다. 그러면서 참으로 뼈 있는 농담을 했다. 자신이 가장 좋아하는 게임인 포커게임을 생각하며 다음과 같이 말했다.

우리는 처음에 2의 패를 두 장 가지고 있다가 결국 4의 패를 맞추었다.[35]

이 말은 처음에 좋지 않은 패를 들고 시작했지만 결국 좋은 카드를 가지게 되어 그 판을 이겼다는 의미였다. 아무리 좋아하는 카드게임이라고 하더라도 대통령 후보가 된 것을 두고 카드게임에 비유한 것은 뭘까? 대통령직도 대통령이 되고자하는 후보도 그만큼의 질이 떨어져 있는 것이 아닐까?

민주당은 역시 오하이오주 출신의 신문업자로 주지사를 3번이나 역임한 제임스 콕스James M. Cox를 대통령 후보로, 시어도어 루스벨트의 친척으로 윌슨 행정부 때 해군 차관을 지낸 플랭클린 루스벨트Franklin D. Roosevelt를 부통령

---

35 Ibid, p.24.

후보로 지명했다. 콕스와 프랭클린은 민주당의 당론에 따라 국제연맹을 강하게 지지했다. 하지만 당시 유권자들은 혁신주의와 국제문제에 완전히 지쳐있었다.

마리온 집 현관에서의 선거운동

하딩의 고향 오하이오주 마리온은 여름 내내 축제분위기 속에 휩싸였다. 마리온 시 협회는 마리온의 외곽거리에서부터 마운트버넌 거리에 있는 하딩의 집까지의 도로 전체에 이른바 "승리의 길Victory Way"을 설치했다. 대통령 후보자의 집을 방문하는 사람들은 그야말로 인산인해를 이루었다. 모든 사람들은 길거리에 세워져 있는 독수리 머리를 한 기둥과 거기에 붙어 있는 하딩의 웃는 모습을 볼 수 있었다. 밴드가 연주되고 깃발이 휘날렸고 그리고 하늘로부터 색 테이프가 흩뿌려 졌다.

하딩의 선거운동

　하딩은 10년 전에 붕괴되었다가 다시 수리한 입구 쪽으로 나 있는 베란다에 나와 자신의 집을 방문하는 모든 사람들에게 인사했다. 그는 전국에서 몰려든 기자들과 웃고 농담하고 사진을 찍었다. 하딩은 가능한 방문하는 모든 사람들과 악수하고 사인을 해주었다. 이런 모습은 대부분의 유권자들에게 좋은 모습으로 비춰졌다. 아내 플로렌스 하딩은 어린 아이들에게 키스를 하고 소녀들의 머리를 쓰다듬어 주었다. 하딩의 이 선거운동은 오하이오주 출신으로 대통령이 된 제임스 가필드James Garfield와 윌리엄 매킨리를 집 현관 앞에서 선거운동을 하는 것을 그대로 본뜬 것이다. 하딩의 지지자들은 캔턴시의 매킨리 집에 걸려 있는 깃발을 가지고 와 하딩의 집 현관에 걸어두었다.

하딩의 선거 전략은 그가 대부분의 미국인이 신뢰하는 정직하고 평범한 시골 촌놈이라는 이미지를 유권자들에게 심어주는 것이었다. 전임 시어도어 루스벨트는 유명한 작가이자 세계적인 여행가였다. 우드로 윌슨은 대학교수이자 우수한 학자출신이었다. 이와는 대조적으로 하딩은 조그만 시골마을 출신의 작은 기업가였다. 선거운동 연설을 통해 하딩은 유권자들에게 다음과 같이 말했다.

지금 우리가 필요로 하는 것은 과장된 말heroics이 아니라 치유healing입니다. 특효약nostrums이 아니라 정상상태normalcy입니다. 혁명revolution이 아니라 회복restoration입니다. 동요agitation가 아니라 적응adjustment입니다. 수술surgery이 아니라 안식serenity입니다.[36]

---

36 Warren G. Harding, "National Ideals and Policies," The Protectionist (May, 1920), pp.71-81.

하딩의 두운을 맞추면서 하는 이런 연설은 국가를 운영하는데 특별한 의미나 철학적 개념이 포함되어 있지 않았지만 유권자들은 열광했다. 특히 국민에게 보다 단순한 시대로 그리고 덜 요구하는 시대로의 복귀를 약속하는 개념인 "정상상태normalcy"는 전쟁과 국제주의에 지친 유권들을 매료시키기에 충분했다.

하딩의 선거운동은 공화당 전국위원회 의장인 윌리엄 해이즈William H. Hays의 주도로 진행되었다. 해이즈는 뉴욕시에 공화당 선거대책본부를 마련하고 전국적인 네트워크를 구축했다. 하딩의 지지자들은 공화당 메시지와 하딩의 세련된 사진과 함께 값비싼 물건을 유권자들에게 나누어 주었다. 하딩의 오랜 친구이자 그의 선거 매니저인 도허티는 마리온에 선거대책본부를 세웠다. 여름이 끝나갈 무렵 하딩은 자신의 집 현관을 나와 열차를 타고 작은 역마다 모두 정차하여 유세하는 선거운동을 시작했다. 수많은 군중들이 미니애폴리스, 디모인, 세인트루이스, 채터누가 등에서 하딩을 환호했다. 「데일리 오크라호만Daily Oklahoman」은 하딩이 오크라호마 시를 방문한 날을 두고 "실제적으로 민주당 우위의 주에서 공화당이 경험한 가장 시끄럽고, 가장 기쁘고, 가장 미친 날이었다"고 보도했다. 하딩은 학교 강당에서, 미국 재향군인회 회관에서, 시 광장에서 수많은 사람들이 운집한 가운데 연설했다. 때때로 하딩은 유세차량으로 특별히 마련한 열차 '수펄브Superb'가 정차해 있는 플랫폼에서 열광하는 군중들에게 유세했다.

하딩의 선거운동원들은 민주당 후보에 대한 부정적인 전략을 구사하는데 주저하지 않았다. 그들은 민주당의 후보인 제임스 콕스를 아무런 근거 없이 오하이오주의 타락한 민주당정치보스들과 깊은 연관이 있다고 주장했다. 이런 주장은 곧 콕스가 인기가 떨어진 윌슨 대통령과 그의 전쟁인 1차 대전과 연관이 있는 것으로 인식되어졌다. 한 정치 만평은 콕스를 윌슨의 운전기사로 묘사하면서 그가 진흙탕 속으로 운전을 해가는 모습과. 그 옆에서 하딩이 잘 포장되어 툭 열린 도로를 즐겁게 가르치고 있는 모습을 그렸다.

하딩은 본선에서 당선 확률은 높았지만 그럼에도 가까이서 돕고 있던 하딩의 지지자들은 혹시나 있을 수 있는 악재(惡材)를 미리 대처했다. 하딩이 대통령 후보로 지명되자마자 전국위원회 의장 해이즈는 하딩의 애인인 캐리 필립스와 그의 남편을 회유하여 세계 일주를 하도록 조치했다. 지난 전쟁 때 캐리가 하딩에게 협박편지를 보낸 경험이 있다는 것을 기억했다. 그래서 공화당 지도부는 대통령 선거기간동안 그녀가 하딩에게 어떤 방해가 되지 않도록 해외에서 지낼 수 있도록 했다. 하딩은 역시 새로운 애인인 낸 브리턴의 생활비와 딸 엘리자베스의 양육비를 위해 수시로 많은 돈을 보냈다. 낸은 선거기간동안 조용히 침묵했다.

예전에도 그랬지만 선거운동을 하면서 하딩은 자신의 조상 중 누군가가 아프리카계 미국인의 피를 물려받았다는 의심을 받고 있었다. 전후 백인우월주의가 싹트기 시작한 1920년에 하딩에 대한 이런 의심은 선거운동에 치명타를 가할 수 있었다. 만약 민주당이 당시 유권자들로 하여금 이런 의심을 사실로 받아들이게 만들 수가 있었다면 많은 사람들은 하딩에게 표를 주지 않았을 것이다. 다급해진 공화당 지도부와 선거운동원들은 이런 의심과 주장을 "새빨간 거짓말"이자 "거짓된 중상모략"이라 비난했다. 하지만 하딩 자신이 이 문제가 부각될 때마다 침묵으로 일관했다. 하딩은 만약 자신이 흑인 조상의 피를 물려받았다는 것을 부인하면 오히려 사람들은 의심을 더할 수 있다고 생각했다.

1920년 11월 2일 운명의 선거 날이 다가왔다. 이날은 공교롭게도 하딩의 55세 생일이었다. 아내 플로렌스는 아름답게 장식한 케이크로 깜짝 생일파티를 준비했다. 하딩이 가장 좋아한 생일 선물은 자신의 신문인 「스타」의 직원들로부터 받은 황금으로 만든 인쇄 자였다. 이자에는 1920년 선거 날이 조각되어 있었다. 그리고 약간의 공간이 있었는데 이곳은 1924년 하딩의 재선 날을 위한 곳이었다. 하지만 하딩은 대통령이 되고 2년 반 정도 있다가 죽었다. 자정이 지나자 선거 결과가 나왔다. 하딩과 쿨리지는 압도적인 표차로 승리했다. 민주당의 콕스가 단지 9백만 표를 얻은 것에 비해 하딩은 1,600만 표를 얻었다. 오하이오 시골촌뜨기로 리더에게 요구되는 자질 - 배우고, 목표를 제시하고, 협력하고, 솔선수범하고, 권한을 위임하고, 혁신하는 - 은 물론 일반적으로 성공적인 사람을 살아간 사람들에게서 볼 수 있는 생활 패턴 - 성실함, 진지함, 결단력, 용기, 지혜로움, 진솔함 등 - 과 거리가 먼 워렌 하딩이 제29대 미국 대통령에 당선되었다.

이런 하딩을 자신들의 대통령으로 선출한 것은 당시 미국국민이다. 당시 대부분의 국민은 자신들의 선택이 최선이라 생각했다. 하지만 리더십이 부족한 사람이 자신의 부족함을 인정하는 용기도 없고 배우고 실천하고자 하는 성실함과 진지함이 없는 사람이 성공하는 경우는 그 어느 곳에도 없다. 그럼에도 미국뿐만 아니라 여러 나라의 국민들은 종종 하딩과 같은 사람을 대통령으로 선택한다. 역사의 아이러니라 아니할 수가 없다.

05

대통령에 당선되었지만 …

다음은 무엇을 해야 하나요?

남북전쟁 이후 1920년까지 미국 대통령에 당선된 12명의 대통령 중 무려 7명이 오하이오주 출신이었다. 율리시스 그랜트Ulysses S. Grant, 러드포드 해이즈Rutherford Hayes, 제임스 가필드James Garfield, 벤저민 해리슨Benjamin Harrison, 윌리엄 매킨리, 하워드 태프트Howard Taft, 그리고 워렌 하딩이 그들이다. 이들 모두는 놀랍게도 공화당 소속이다. 남북전쟁 이후 산업화가 고도화되면서 오하이오는 산업화의 중심지였고 당연히 다른 지역보다 국가 사회적 영향력이 컸을 것으로 여겨진다.[37] 이 시기 오하이오 출신의 대통령들은 대부분 자신의 자질과 능력에 의해 대통령에 당선되었기보다 지역의 강한 영향력에 힘입은 바가 크다. 하딩은 산업화의 고도화와 함께 강화된 오하이오주가 낳은 대통령의 마지막 대통령이었다.

대통령이 되고나서 하딩은 뒤를 돌아보며 이렇게 말했다고 알려졌다.

---

[37] Walter Havighurst, 조성규 역, 『오하이오 200년사』(서울: 신아사, 1987)을 보면 오하이오주의 힘을 확인 할 수 있다.

자, 이제 우리 무엇을 하지요?[38]

어이고야! 대통령이 된 사람이, 그것도 미국 대통령이 된 사람이, 또한 전 후 혼란의 시기에 최고 리더로서 해야 할 일이 산더미와 같은 시기에 대통령이 된 사람이 자신이 해야 할 일을 모른 다는 것은 말이 되지 않는다. 하지만 실재로 워렌 하딩은 무엇을 해야 할지를 몰랐다. 그도 그를 것이 오하이오 시골 출신으로 마리온 정도의 시에서 작은 신문사를 운영하는 정도의 능력을 가진 사람이 국가 최고의 자리를 꿰찼으니 오죽하겠는가! 그것도 하딩은 마리온을 떠나 오하이오주 부지사나 연방 상원의원이 되어서도 이에 적합한 일을 할 수 있는 능력을 기를 수 있는 그 어떤 노력을 하지 않았으니 당연하지 않은가! 대통령에 출사표를 던지고도 설마 자신이 대통령에 당선될 수 있는지를 스스로 의심한 상태에서 미국 대통령의 자리가 어떤 위상을 가지고 있고 어떤 일을 구체적으로 해야 하는가에 대해 하딩은 전혀 아무런 감각도 없었다.

대통령에 당선된 후 하딩은 처음부터 전혀 새롭고 막중한 책임감에 압도당했다. 대통령직에 중압감을 느낀 하딩은 한 친구에게 다음과 같이 말했다.

---

38 Kent, *Warren G. Harding*, p.67.

나는 내가 넘겨받은 이 자리가 무슨 일을 해야 할지 이제 막 깨닫기 시작했어. 하나님이 나를 도와주기를 간절히 원해.[39]

　취임 전 하딩은 대통령 당선자로서 함께 일할 내각을 구성해야만 했다. 내각은 특별한 영역에서 국가정책과 의사를 결정하는데 도움을 주는 일을 하는 전문적인 능력과 자질을 가진 보좌관 그룹이다. 하딩은 내각에 관한 이러한 개념이 불분명했다. 이 문제를 두고 하딩은 자신의 정치적 친구와 지지자들과 상의했다. 상의는 하긴 했지만 인사라는 것은 인사권자의 결정이 동서고금을 막론하고 가장 중요한 것이 아닌가! 하딩은 정치를 하면서 조금은 인식하고 조금은 괴롭혀 온 공화당의 분열이 문제라 생각했다. 이것을 해결할 수 있는 능력을 가지고 있으면서 당에 충성하는 사람을 내각인사로 임명하기를 원했다. 또한 자신의 정치 역정을 도와준 몇몇의 친구들을 내각인사로 포진시키기를 원했다. 그래서 하딩의 인사에는 긴급하고 중요한 국가문제나 사회문제를 해결하는 데 적합한 인물에 대한 개념은 없었다.

39　Ibid.

하딩은 스스로가 아는 것이 별로 없음을 인정하고 내각을 구성하는 문제에 있어 간단하게 말했다. 내각은 이나라 "최고 지성best minds"으로 구성하면 아무 문제가 없다고 주장했다.[40] 아무튼 1920년 12월에 하딩은 국무장관으로 뉴욕의 찰스 에번스 휴스Charles Evans Hughes를 지명했다. 휴스는 뉴욕 주지사와 연방 대법관 경력으로 지난 1916년 공화당 대통령 후보로 지명되었다가 우드로 윌슨에게 패배한 인물이었다. 휴스는 외교문제에 특별한 경력은 없었지만 그럼에도 국제문제 해결에 탁월한 능력을 발휘했다. 그는 하딩의 내각인사 중 가장 뛰어난 인물이었다. 허버트 후버Herbert Hoover는 상무장관직을 수락했다. 후버는 당시 미국에서 뛰어난 능력을 가진 사람으로 인식되었다. 특히 후버는 1차 대전기 유럽에서 기아에 허덕이는 사람을 구원하는 일을 탁월하게 수행했다. 후버는 상무장관으로 있으면서 이 부서를 미국정부에서 중요한 부서로 자리매김할 수 있도록 했다. 하딩은 은행업자로 큰 부자인 앤드류 멜론Andrew W. Mellon을 재무장관에 임명했다. 멜론은 세금구조를 개혁하여 정부지출을 줄이는데 큰 기여를 했다.

---

40 Nathan Miller, 김형곤 역, 『이런 대통령 뽑지맙시다』 (서울: 혜안, 2002), p.345.

하딩이 말한 최고 지성은 단지 이 세 사람뿐이었다. 대통령 하딩이 임명한 그 외의 사람들은 최고 지성은커녕 사리사욕에 눈 먼 사람들로 채워졌다. 이른바 '오하이오 갱Ohio Gang'으로 불리는 사람들로 중요 보직을 채웠다. 하딩은 자신의 선거운동에 혼신을 다한 윌리엄 해이즈를 특별한 경력이 전무함에도 우정장관에 임명했다. 철저한 보은인사였다. 전통적으로 미국의 우정장관은 전국의 우체국관련 인사는 물론 여러 가지 일자리에 사람을 임명하는 권한을 가지고 있었다. 해이즈의 통제아래 하딩 정부의 수많은 일자리는 충실한 공화당원이나 돈이 동반된 비열한 뒷거래 인사들로 채워졌다. 뉴멕시코주 연방 상원의원인 알버트 폴Albert Fall은 내무장관에 임명되었는데 그 역시 하딩의 오랜 친구였다. 단지 친구라는 이유 하나만으로 하딩은 그가 어떤 능력을 가지고 있고 어떤 사람의 철학이 있는지를 전혀 고려나 생각을 하지 않았다. 하딩의 무개념적이고 정실적인 인사의 최고는 역시 오랜 친구로 자신의 정치역정은 물론 대통령 당선에 지대한 영향을 준 해리 도허티를 미국의 법을 다루는 최고의 자리인 법무장관에 임명한 것이었다. 일반적으로 법무장관직은 법과 관련한 영역에서 어느 정도의 경력과 명망이 있는 사람이 임명되는 것이 상식이었지만 도허티는 이런 경력이 전무했다. 그는 로스쿨을 졸업해 변호사가 되었지만 일찍부터 변호 일에는 관심도 없었고 오하이오 지역 패거리 정치에 기웃거렸다. 도허티는 정치적 공직에 출마했지만, 매번 당선되지 못했다. 우연한 기회에 도허티는 오하이오 지역 공화당 파벌정치에서 이권 매니저로 활동하다가 하딩을 만났다. 하딩의 임기가 시작되고 나서부터 최고 지성과는 거리가 먼 이런 인사들은 미국 역사상 가장 부패한 부정 사건을 만들어 냈다. 그것은 재앙과도 같았다.

대통령 취임

1921년 3월 3일 하딩은 마리온 시민들에게 작별인사를 했다. 학교와 상점과 은행을 비롯한 모든 일터가 한 시간 동안 문을 닫고 축하했다. 마리온 시민들은 그가 떠나 성공한 대통령이 되기를 바랐다. 하딩은 특별열차인 '수펄브Superb'를 타고 가족과 친구들과 함께 워싱턴으로 향했다. 다음 달 3월 4일 하딩은 퇴임하는 윌슨과 함께 자동차를 타고 취임식이 열리는 의사당으로 향했다. 그동안의 대통령은 말이 끄는 마차를 타고 이동했지만 하딩은 처음으로 자동차를 이용하여 취임식에 참석했다. 하딩은 명료하게 울리는 목소리로 대통령 취임선서를 했다. 그리고 취임사를 했다. 이때 수많은 사람들이 대중 연설 시스템을 통해 하딩의 목소리를 처음 들었다.

　… 지금까지 세계는 사회 경제적 무질서에 대한 잘못된 해결책의 무익함과 해악을 거듭 했습니다. 그러나 오늘날 우리는 이전 어느 때보다도 현대 산업주의의 갈등에 직면해 있습니다. 우리는 냉정하고 검증된 방법으로 그 원인을 파악하고 그 악한 결과를 줄여야 합니다. 천재가 큰 가능성을 만든 곳에서 정의와 행복은 더 큰 공동의 복지에 반영되도록 해야 합니다.

　봉사는 삶의 최고의 헌신입니다. 나는 황금률의 시대를 환호하고 온 세상을 봉사로 장식하는 것을 기뻐할 것입니다. 나는 정부의 모든 기관이 순전히 대중의 의지의 표현으로 봉사하고 정부에 대한 이해를 증진하도록 부름 받은 행정부이기를 맹세합니다.

　지금 이 순간 저에게 주어진 막중한 책임을 잊을 수 없습니다. 세계 격변은 우리의 임무에 크게 추가되었습니다. 그러나 깨달음과 함께 높은 결의가 솟아나고 신이 주신 우리 공화국의 운명에 대한 믿음에 확신이 생깁니다.

내일의 미국을 위해 행정부에 전적인 책임이 있다고 느꼈다면 나는 그 부담에서 물러나야 한다고 생각합니다. 그러나 여기에는 공동의 관심과 공동의 책임을 가지고 하나님과 국가에 책임을 져야 할 수억 명이 있습니다. 공화국은 그들을 그들의 임무에 소환하고 나는 협력을 요청합니다.

나는 한결같은 목적과 겸손한 마음으로 내 몫을 받아들이고 하늘에 계신 하나님의 은혜와 인도를 간청합니다. 이것으로 나는 두렵지 않고 자신 있게 미래를 맞이합니다. 나는 다음과 같은 성경 구절에 대해 엄숙한 취임 선서를 합니다. "여호와께서 네게 구하시는 것은 오직 정의를 행하며 자비를 사랑하며 겸손히 네 하나님과 함께 행하는 것이 아니냐?" 하나님과 이 나라에 맹세합니다.[41]

하딩의 취임연설은 거의 20분 이상 계속되었지만 수많은 상투적인 문장으로 가득 찼다. 그의 연설 그 어디에도 현재의 위상을 바로 평가하고 미래를 설계하는 비전은 찾아 볼 수 없었다. 대통령으로서 자신의 추구하는 목표가 무엇이고 그 목표를 위해 자신은 무엇을 할 것인가를 전혀 밝히지 않았다. 아니 밝힐 수가 없었을 것이다. 하딩은 그 스스로 밝혔듯이 자신이 대통령이 될 만큼 큰 사람이 아니었기 때문이었다. 하딩은 그저 시골 마리온

---

41 Inaugural Address of Warren G. Harding (FRIDAY, MARCH 4, 1921).

에서 친구들과 시시덕거리며 노는데 최적화되어 있는 사람이었기 때문이었다. 그래서 하딩은 대통령이라는 자리가 무엇을 하는 곳인지를 몰랐다. 그래서 하딩은 대통령에 취임하는 취임사에서 자신의 국정철학의 기본을 밝히고 구체적으로 이러저러한 일을 하겠다는 말을 전혀 하지 못했다.

그럼에도 구름떼처럼 모인 대중들은 하딩의 취임사에 열광했다. 대중들은 하딩의 연설에 흥분했다기보다 그저 새 시대 새 대통령에게 흥분했다. 그것은 또한 윌슨의 백악관이 거의 2년 이상 철저히 폐쇄되어 있었던 것에 반해 하딩은 백악관을 전면 개방했기 때문에 얼핏 보기에 외관상으로 새로운 대통령으로 보였기 때문이기도 했다. 윌슨은 임기 마지막 1년 이상을 뇌졸중으로 거의 움직이지 못했기 때문에 백악관을 전혀 개방하지 않았다. 또한 정기적으로 열렸던 기자회견도 파티도 만찬도 열리지 않았다. 그런데 워렌과 플로렌스 하딩은 새 시대를 열었다. 그들은 취임식 날부터 백악관을 개방했다. 백악관 잔디밭과 1층을 대중들에게 개방했고 대통령 부부는 방문한 사람들과 즐겁게 이야기했다. 하딩 대통령 부부는 백악관에서 거의 매일 아무리 바쁘더라도 점심시간 전에 마련된 비공식적인 시간에 일반사람들을 환대했다. 때때로 대통령은 수백 명의 사람들과 악수를 하기도 했다. 새 대통령 부부는 대중과 언론으로부터 엄청난 인기를 얻고 있는 대중가수 이상의 인기를 얻고 있었다. 심지어 레디 보이Laddie Boy(남자아이)라는 이름을 가진 에어데일 종 애완견도 이 나라 최고의 명사가 되었다.

대통령으로서 하딩의 일상

하딩은 하루 종일 많은 시간을 일했다. 그는 시민 지도자, 내각인사, 하원의원, 상원의원, 그리고 여러 회사의 간부들을 만났다. 하딩은 여러 사람들과 만나기는 했지만 이런 만남을 통해 국정운영의 비전을 설계하거나 자신의 정치철학을 구체적으로 실현시키는 방안을 논의하는 것이 아니었다. 그저 그들과 만나 그들의 업무에 대해 이야기를 듣고 그것으로 끝이었다. 사실상 하딩은 대부분의 전문적인 일에 대해 이해를 하지 못했다. 하딩은 편지와 연설문과 보도 자료를 직접 작성하긴 했지만 중요하거나 핵심적인 것은 거의 없었다. 하딩의 친구 몇몇은

대통령이 탈진상태가 되지 않을까 걱정했다. 사실 하딩은 오래 전부터 고혈압과 심장질환을 앓고 있었지만 그것을 심각하게 생각하지 않았다. 언젠가 하딩은 한 의사에게 고혈압이 높게 나오는 날이면 그것은 자신이 열심히 일을 하지 않은 증거라고 말하기도 했다.

　대통령으로 하딩이 열정을 가지고 정성을 쏟은 일이 있었다. 하딩은 일주일에 두 번은 반드시 골프를 쳤는데 자신이 가장 좋아하는 운동이었다. 저녁이 되면 매일 저녁은 아니지만 그래도 특별한 일이 없는 저녁이면 몇몇 친구들과 함께 포커게임을 즐겼다. 여러 장소에서 포커게임을 했지만 대부분의 경우 백악관 2층에서 마치 도박꾼들이 웅크리고 앉아있는 모습을 하고 포커를 즐겼다. 이런 포커게임을 할 때면 으레 고급 위스키를 비롯한 다양한 술이 동반되었는데 이때는 이미 금주법이 엄연한 법으로 시행되고 있는 시기였다. 대통령을 비롯한 법을 지켜야 할 국가 최고의 지도자들이 그 법을 헌신짝처럼 취급했다. 그러니 금주법이 제대로 지켜질 수 있었겠는가? 금주법은 법으로 공포되고 난 후 미국에서 만들어진 법 중에서 가장 지켜지지 않은 법이 되었다. 위로는 대통령에서 아래로는 일반시민에 이르기까지 ….

　하딩은 포커게임을 할 때는 물론 일상생활에서도 자신과 함께 포커를 치는 친구들을 가리켜 "포커내각Poker Cabinet"이라 불렀다. 이 포커내각의 정규 인사들은 엄청난 부자인 에드워드와 에발린 맥린 부부, 내무장관 알버트 폴, 재향군인회 회장 찰스 포버스, 그리고 법무장관 해리 도허티와 도허티가 특별히 채용해 수족처럼 부리고 있던 제스 스미스Jess Smith 등이었다. 이들 포커내각에는 빼놓을 수 없는 또 한 사람이 있었다. 그 역시 오랜 친구였는데 하딩과 프로렌스의 주치의로 찰스 소여Charles Sawyer였다. 소여는 하딩의 아버지와 같은 동종요법 의사로 고향 오하이오 마리온에서 하딩 부부와 오랜 친분관계를 유지했다. 1905년 플로렌스가 아팠을 때 소여가 그녀를 치료했다. 그 때문에 플로렌스는 소여에 대해 깊은 신뢰를 가지고 있었다. 하딩은 대통령이 되면서 소여를 육군 의무대 준장계급을 부여하여 백악관으로 불러들여 자신의 주치의로 삼았다.

하딩은 마리온에 있을 때처럼 촌티 나는 행동을 백악관에서도 서슴없이 행동했다. 하딩은 마리온에 있을 때 담배를 무척 즐겼다. 그럴 때마다 아내 플로렌스나 다른 사람으로부터 건강상의 이유로 담배를 삼갈 것을 권유받았다. 이제 대통령이 되고 나서 하딩은 아무 거리낌 없이 더 많은 담배를 피웠다. 아침부터 저녁까지 혼자 있을 때나 다른 사람과 대화할 때나 골프를 칠 때나 카드놀이를 할 때를 막론하고 씹는담배를 즐겼다. 플로렌스가 남편의 이런 습관을 고쳐보려 했지만 그럴 때마다 하딩은 아내가 보이지 않는 곳에서 더 많은 담배를 즐겼다. 하딩은 씹는담배는 물론 언제 어디서나 시가도 피웠다.

하딩은 마리온 『스타』 사무실에 있을 때 두 다리를 자신의 책상 위에 올려놓고 다른 사람들과 이야기하기를 좋아했다. 대통령이 되고 난 후에도 그 버릇은 여전했다. 방문객이 장관이든 상·하원의원이건 일반 사람들이든 상관없이 하딩은 백악관 집무실 책상 위에 긴 다리를 올려놓고 이야기했다. 그런 자세로 씹는담배나 시가를 피우는 자세가 하딩의 일상적인 모습이었다. 1980년에 대통령이 되어 이른바 '레이고노믹스'로 경제위기를 극복하고 '스타워즈'로 냉전을 무너뜨린 로널드 레이건Ronald

Reagon은 그 어떤 자리에서도 대통령으로서 다른 사람을 만날 때면 항상 정장차림에 넥타이까지 했다. 언젠가 한 기자가 때로는 불편하지 않나하고 물었다. 레이건은 이렇게 말했다고 한다. "대통령이 정창 차림을 해야 하는 것은 기본입니다."

하딩은 식사관습 또한 마리온에서의 관례를 고집했다. 특히 모든 음식이 한꺼번에 차려져야 한다는 것과 이쑤시개가 매 식사 때마다 테이블 위에 놓여 있어야 한다는 것은 백악관 다이닝 룸을 관리하는 참모들을 당황하게 만들었다.

대통령이 되어서도 하딩이 빼놓지 않은 일상이 있었다. 하딩은 어리지만 애인인 낸 브리턴을 종종 백악관으로 불러 집무실 벽장에서 성관계를 가졌다. 낸과의 관계는 하딩이 마지막 여행을 떠나기 전까지 계속되었다. 1990년대에 대통령이 된 빌 클린턴Bill Clinton 역시 자신의 집무실에서 백악관 인턴 여성인 모니카 르윈스키Monica S. Lewinsky와 성관계를 가졌다.

대통령으로서 국내 일, 하지만 능력 밖의 일

대통령으로서 하딩은 취임식이 있고 난지 한 달이 지난 1921년 4월에 의회에 특별회기를 소집했다. 하딩은 의회에 자신이 대통령으로 있는 동안 이루어지기를 원하는 몇몇 프로그램을 설명했다. 하딩은 먼저 전국 고속도로를 건설하고 유지하는 자금을 요청했다. 또한 막 성장하고 있는 라디오 산업에 대한 정부규제를 위한 방안과 상업적 항공운행을 성장시키기 위한 방안도 요청했다. 나아가 하딩은 항공교통을 통제하는 연방차원의 부서 설립과 교육, 건강, 위생, 노동조건, 그리고 어린이 복지를 망라하는 복지부의 설립을 의회에 요청했다. 하딩은 역시 미국은 대규모 해군 함대를 민간인이 사용할 수 있도록 상업용으로 전환할 것도 역시 요청했다. 여기에 더해 하딩은 미국사회에서 횡행되고 있는 "미개한 폭력적인 사적 제재의 오점"을 일소해줄 것도 요청했다.[42]

사실 이 연설은 하딩이 평생을 통해 한 연설 중 가장 중

---

[42] Warren G. Harding, Address to a Joint Session of Congress on Urgent National Problems(April 12, 1921)

요한 연설로 여겨진다. 하딩은 보수주의자였지만 연설 내용에서 보는 바와 같이 국가를 변화 발전하는 현대 세계로 바꾸는데 도움을 주는 혁신적인 프로그램을 도입시키고자 했다. 하지만 하딩은 의회를 설득하는 노력은 물론 그 어떤 압력도 가하지 않고 그저 권고만 했을 뿐이었다. 당시 여러 보수주의자들과 마찬가지로 하딩은 제시한 프로그램에 대한 법을 만들고 그것에 관한 정책을 만드는 일은 대통령이 일이 아니라 의회의 일이라 믿었다.

일반적으로 공화당 중심의 의회는 공화당 출신의 대통령이 권하고 권고하는 것을 지지해 왔다. 1921년 의회는 공화당 우위의 의회였지만 당내 파당 세력들이 공화당 대통령의 주문을 그대로 따르지 않았다. 결국 공화당 내 투쟁은 하딩이 요구한 대부분의 프로그램이 법으로 만들어지지 못하게 만들었다. 말하자면 하딩은 공화당 출신 대통령이고 의회 역시 공화당이 우위를 점하고 있었음에도 자신이 요구한 프로그램을 거의 아무 것도 성사시키지 못했다.[43]

하딩은 이러저러한 자리에서 남북전쟁 이후 남부에서

---

43 1921년 제67차 의회 구성은 다음과 같다. 연방 상원의원은 총 96명 중 공화당이 50명이었고 민주당이 46명으로 공화당이 61.5%를 차지하고 있었다. 연방 하원 의원은 총 428명 중 공화당이 238명을 당선시켜 69.1%를 차지하고 있었다.

시민권을 옹호하는 최초의 대통령이 되겠다고 말했다. 하지만 하딩은 밀려오는 외국이민을 위해서도, 아프리카계 미국인을 위해서도, 그리고 1919년에 시작된 피비린내 나는 인종갈등의 해소를 위해서도 아무 일도 하지 않았다. 하딩은 앨라배마주 버밍햄에서 다음과 같이 연설했다.

> 나는 아프리카계 미국인이 미국시민으로서의 특권과 의무에서 그 스스로를 완전한 일원으로 여기게 될 시간이 오기를 기대합니다.[44]

이 연설에 아프리카계 미국인들은 환호했지만 하딩은 자신의 연설을 뒷받침하는 그 어떤 조치도 취하지 않았다. 1890년 이래로 약 3,000명 이상의 미국인이 사법적 절차도 없이 교수형을 당하고 다른 방법으로 희생되었다. 희생자의 90%는 아프리카계 미국인이었다.

그가 대통령으로 있는 동안 이루어진 몇몇 성과는 대통령의 역량이라기보다 뛰어난 장관 몇몇의 노력 덕분이었다. 하딩뿐만 아니라 오랫동안 백악관에서 여러 명의 대통령을 보좌한 의전관인 아이크 후버Ike Hoover는 하딩에

---

44 Andrew Sinclair, *The Available Man*(New York: Macmillan, 1965), p.235.

대해 다음과 같이 말했다.

하딩은 자신의 일이 가치 있는 일이 되기를 갈망하기는 했다. 역대 대통령 누구보다도 하딩은 백악관 집무실에서 많은 시간을 보냈다. 정말 운이 좋아 어떨결에 대통령이 되었지만, 누구나 예상한 일로 그는 시종일관 대통령직에 압도당했다. 그래서 그는 하루의 반은 '화려한 호텔 같은 곳'에서 다른 절반은 '박물관과 같은 고택' 같은 백악관의 회랑 속에서 지냈다. 해결하기 곤란한, 아니 전혀 이해하지 못하는 세금 문제나 회계 관련 서류가 책상 위에 놓여 있으면 하딩은 그것을 집어 던져 버리곤 했다.[45]

그러면서 하딩은 옆에 있는 비서에게 짜증 섞인 말로 다음과 같이 말했다.

존! 나는 이런 세금문제와 같은 저주스러운 일을 할 수 없어요. 한쪽 말을 들어보면 그쪽 말이 옳고 … 오 하나님! … 다른 쪽 말을 들어보면 그쪽 말도 옳아요. 내가 괴로워하는 것은 바로 이런 것입니다. 나는 나에게 진실을 알려줄 책이 어딘가에 있다는 것을 알아요. 그러나 제기랄! 나는 그 책을 읽을 수가 없어요. 나는 이 문제의 진실을 알고 있는 경제학자가 그 어디엔가 있다는 것을 알고

---

45 Werner and Starr, *Teapot Dome*, p.38.

있어요. 그러나 그를 어디에서 찾아야 할지 몰라요. 그리고 언제 찾아야할지도 모르고 그를 믿어야 할지도 몰라요. 하나님! 이런 일 이라니! 제기랄![46]

사실 하딩은 세금이나 회계 등과 관련한 경제문제를 거의 아무 것도 이해하지 못했다. 물론 대통령이라고 해서 모든 경제문제를 잘 알고 있어야 한다는 것은 아니다. 국정운영의 최고 책임자인 대통령은 경제문제에 적임자를 찾아 일하게 만들어 그로부터 무엇이 문제이고 어떻게 해야만 문제를 해결할 수 있는가하는 진지한 태도가 필요하다. 하지만 하딩은 그 어디에도 진지함을 찾아 볼 수 없었다. 그는 적임자로 임명한 주무장관에게 그저 맡겨 버렸다. 그리고 그것으로 끝이었다. 아니 최종 서명은 한 것 같다. 물론 그 문제에 대해 이해도 없으면서 그냥 ….

재무장관 앤드류 멜론의 도움과 조언으로 하딩은 1921년 6월에 예산회계법Budget and Accounting Act을 통과시켰다. 이법으로 국가 예산과 결산을 담당하는 예산청과 회계감사원이 설립될 수가 있었다. 두 기관은 정부 자금이 적절하게 사용되는가를 점검하고 연방예산을 제한된

---

46 Ibid.

범위 내에서 사용할 수 있도록 통제할 수 있었다. 이를 통해 재무장관 멜론과 초대 예산청장으로 임명된 찰스 도즈Charles G. Dawes는 낭비되는 국가자금을 면밀하게 정리할 수 있었다. 도즈는 늘 이렇게 말했다.

실행해보지 않고 경제를 이야기할 수 있는 사람은 아무도 없습니다.[47]

멜론과 도즈는 힘을 합쳐 정부의 실행계획과 예산을 재조직하여 수십억 달러의 예산을 절약했다. 이는 어디까지나 하딩이 대통령으로 있는 임기동안에 이루어진 성과이지, 하딩의 국정철학이나 능동적 노력에 의해 이루어진 것이 아니다. 이 두 사람의 노력에도 불구하고 하딩은 자신이 데리고 놀았던 일명 '포커내각' 인사들의 각종 이권행위와 부정부패를 막지 못했다.

하딩은 정치를 시작하고 나서부터 줄 곳 대기업과 그들의 활동을 지지해왔다. 정치를 하면서 하딩이 가장 좋아했던 모토는 이것이었다.

---

47 Kent, *Warren G. Harding*, p.75.

기업 활동에 대해 정부의 역할을 가능한 적게 하고, 정
부 활동에 대해 기업의 역할을 가능한 많이 하게 하자.[48]

　하딩은 기업이 간섭을 받지 않고 자유롭게 활동할 수
있는 정책을 선호했다. 1921년 철도산업과 탄광산업 파
업이 전국을 흔드는 충격을 주었을 때 하딩은 강한 반(反)
노동조합주의 입장을 취했다. 하딩은 파업자들이 불평불
만을 끝낼 애국적 의무가 있다고 주장했다. 나아가 하딩
은 노동조합에 가입하지 않은 파업파괴자들로 하여금 파
업을 끝낼 수 있도록 피켓라인을 형성할 것을 재촉했다.
하딩은 파업자들의 불평불만이 조금이라도 정당성을 띠
고 있다는 생각은 전혀 하지 않았다. 그래서 그는 철도산
업과 석탄산업의 주인이 약간이라도 책임이 있을 수 있
다고 생각하지 않았다. 하딩은 그야말로 반(反)노동 친(親)
기업 대통령이었다.

　그런데 하딩은 참으로 아이러니한 일을 했다. 대통령
의 권한인 사면권을 이용하여 노동운동 지도자이자 사회
주의자인 유진 뎁스Eugene Debs를 감옥에서 석방시켜 주었
다. 아무도 예상치 못한 일이었다. 뎁스는 1918년 아직
미국이 유럽에서 전쟁을 하고 있을 때 반전연설을 한 이

48　Ibid.

유로 체포되어 10년 형을 언도받고 감옥에 투옥되어 있었다. 1920년 대통령 선거에서 사회당은 아직도 그가 감옥에 있는데도 불구하고 그를 대통령 후보로 지명하여 하딩과 콕스를 상대하게 했다. 하딩이 대통령에 당선되자 뎁스를 비롯한 정치범들에 대한 전면 사면의 목소리도 있었고 이를 반대하는 목소리도 있었다. 전쟁 후 많은 나라에서 정치범에 대한 사면이 이루어지는 가운데 하딩도 법무장관 도허티로 하여금 이 문제를 검토하라고 명령했다. 도허티는 새해 이브에 뎁스의 사면을 건의했고 하딩은 그 건의를 받아 들였다. 하지만 하딩은 뎁스가 크리스마스 이브에 아내와 저녁식사를 할 수 있도록 미리 석방시켜 주었다. 뎁스 석방에 대한 비판의 목소리가 컸지만 하딩은 그렇게 하는 것이 옳은 것이라 생각한다고 말했다. 전후 여러 나라가 정치범에 대한 전면 사면을 시행한 것에 비해 하딩은 사안마다 검토를 한 후 사면을 해 주었다.

대통령으로서 외교 일, 이것 역시 능력 밖의 일

하딩은 외교문제에 대해서도 거의 아는 바가 없었다. 아는 바가 없다기보다 아예 관심이 없었다는 것이 타당한 표현인 것 같다. 『뉴욕 타임즈*New York Tomes*』의 한 기자가 유럽을 방문하고 나서 백악을 들렀을 때 하딩은 저드슨 웰리버*Judson Welliver*라는 비서를 불러놓고 그 기자에게 다음과 같이 말했다.

나는 유럽의 이러한 잡동사니 같은 일에 관해서는 아는 게 하나도 없습니다. 당신이 웰리버와 함께 일을 처리하고 나면 그가 나에게 결과를 말해 줄 것입니다. 그는 나를 위해 이런 문제를 잘 처리해 주고 있습니다.[49]

어쨌든 하딩은 외교문제에 관해서는 국무장관인 찰스 휴스에게 거의 일임했다. 대부분의 공화당 의원들이 미국이 국제연맹의 회원이 되는 것을 반대했지만 그럼에도 휴스는 미국의 국제외교의 목표는 전쟁을 피하는 것이라

---

[49] Russel, *The Shadow of Blooming Grove*, p.23.

믿었다. 그래서 그는 외교노선의 기본을 미국과 다른 나라의 협력을 높이는데 두었다. 휴스의 주도아래 하딩은 외교문제에 있어 중요한 성과를 냈다. 휴스는 워싱턴 군축회의를 조직하여 각국의 해군력의 경쟁력을 줄여 상당기간동안 긴장을 완화시키는 역할을 했다. 하딩은 워싱턴 군축회의가 세계사적으로 얼마나 큰 의미가 있는 것인지 몰랐다. 그래서 하딩은 이 문제에 있어서 그저 서명만 했을 뿐이었다. 그리고 관행과 관례에 따라 행사에 참여하여 악수하고 정답게 대화를 나누는 일만했다.

상무장관 허버트 후버 역시 외교 정책에 강한 의지를 가지고 있었다. 후버는 세계무역을 증가시키는 것이야말로 세계의 평화를 보장하는 핵심적인 방안이라 믿었다. 후버는 전쟁으로 피폐해지고 가난해진 나라를 미국이 도와야 한다고 주장했다. 그래야만 그들의 경제를 발전시킬 수 있고 그것은 결국 그들이 혁명적 사상과 행위에 호소하는 일을 줄이게 될 것이라 믿었다. 1917년에 러시아를 공산주의 국가로 만든 것과 같이 혁명은 가난과 배고픔으로부터 발생한다고 주장했다. 하지만 후버의 이러한 생각은 하딩 행정부에서 이루어진 것은 거의 아무것도 없었다. 후버의 생각은 2차 대전 후 해리 트루먼 Harry Truman대통령 때 미국이 서유럽 재건계획을 실현한 마셜플랜에서 잘 실현되었다.

하딩은 세금이나 예산 문제 등과 같은 경제문제와 외교문제 등의 복잡하고 논쟁이 심한 문제를 부딪치면 너무나 부담스럽고 어렵게 생각했다. 하딩은 이런 복잡하고 어려운 문제를 접하게 되면 의사결정을 하지 못했다. 아는 바가 없으니 당연한 것으로 여겨진다. 다시 말하지만 대통령이라고 해서 모든 것을 다 잘 알 필요가 없다. 대통령이 굳이 "RE-100"이 무엇인지? 대통령이 굳이 서울시 지하철 요금이 얼마인지? 대통령이 굳이 수류탄을 어떻게 만드는지 꼭 알 필요는 없다. 대통령은 그 문제를 잘 알고 그 문제를 잘 풀어갈 수 있는 전문가를 선택하고 그로 하여금 문제를 해결하도록 하면 된다. 어떻게 보면 국가 최고 리더인 대통령의 일은 그런 문제를 가장 잘 해결할 수 있는 사람을 선택하는 일이 전부라고 해도 과언이 아니다. 그리고 그들로부터 그 해결책이 어떤 의미가 있고 어떤 가치가 있는가를 배워 국정운영의 최고 책임자로서 결정을 해야 한다. 하지만 하딩은 적어도 경제문제와 외교문제에 있어 최고 전문가라고 하는 사람을 선택해 두고도 그들로부터 아무 것도 배우려하지 않았다. 하딩은 아무 것도 모른 채 그들이 결정한 것에 그저 서명만 했다. 하딩은 대통령으로 열심히 일했지만 중요하고 어려운 문제에 대해서는 완전히 수동적이었다.

하딩은 1차 세계대전의 공식적인 종전에 서명했다. 비록 전쟁은 몇 년 전에 끝났지만 세계적으로 엄청난 희생을 낸 세계대전의 공식적인 종전 선언은 결코 의미가 작은 문제가 아니었다. 그럼에도 하딩은 1921년 7월 2일 뉴저지 주의 한 골프장에서 골프를 친 후 들린 한 친구 집에서 무감각적으로 서명했다. 이일과 관련하여 역사가 네이슨 밀러Nathan Miller는 다음과 같이 말했다.

어떻게 보면 그렇게 중요한 서류를 마치 개가 신발을 냄새 맡듯 대강 훑어보고 나서 그냥 서명만 하고 백악관으로 돌아갔다.[50]

대신에 하딩은 자신에게 조금이라도 익숙한 것이라면 그것이 전혀 중요한 일이 아님에도 너무나 많은 시간과 공을 들였다. 하딩은 대통령으로 어떤 행사의 의전문제에 있어서는 거의 완벽했다. 예를 들어 1차 대전이 끝나고 의회는 전쟁에서 사망한 무명용사를 기리기 위한 조치를 의결했다. 1921년 11월 11일 종전 3주년을 기념하여 하딩 대통령은 알링턴 국립묘지에 마련된 무명용사를

---

50 김형곤 역, 『이런 대통령 뽑지 맙시다』, p.349.

위한 묘지에 헌화했다. 하딩은 엄숙한 권위를 가지고 무명용사들에게 헌화하며 지속적인 평화를 갈구한다고 말했다.

06

바보 대통령! 후훗! …
우리가 다 해먹자!

내무장관 폴의 티폿돔 스캔들

1922년 봄까지만 하더라도 하딩은 여전히 인기 있는 대통령이었다. 위에서 본 바와 같이 능력 있는 몇몇 장관들의 탁월한 업무 덕분에 무능한 하딩의 능력이 잘 포장되어 나타났다. 당시 의회와 내각은 하딩에게 다음과 같은 말로 칭송했다.

당신과 당신의 내각은 우리나라와 국민에게 힘과 용기를 주고 있습니다.[51]

부통령이던 캘빈 쿨리지 역시 대통령을 하딩을 칭찬했다. 하지만 하딩 자신은 이제 1년 남짓 지낸 대통령직에 대해 전혀 만족하지 않았다. 하딩 대통령은 한 친구에게 이런 글을 보내 자신의 솔직한 마음을 표현했다.

솔직히 말해 대통령직에 있는 다는 것은 권력행사를 마음대로 즐길 수 없다면 전혀 매력적이지 못한 직업이라

---

51 Kent, *Warren G. Harding*, p.79.

생각합니다. 그래서 사실 나는 대통령직에 큰 관심이 없습니다.[52]

얼마의 시간이 흐르고 자신의 말처럼 하딩은 대통령직이 정말 매력 없는 일이라는 것을 뼈저리게 느꼈다. 하딩 행정부를 부패와 타락의 나락으로 빠지게 만드는 사건들이 연이어 터져 나왔기 때문이었다. 또한 이러한 부정부패 사건들이 하딩으로 하여금 깊은 배신감을 느끼게 만들었기 때문이었다. 하딩은 스스로가 대통령직에 부족한 면이 많다는 것을 알고서 이 나라 "최고 지성"을 선택하면 된다고 말했지만 멜론, 후버, 휴스 정도를 제외하고는 자신의 말을 전혀 증명해 줄 수 없는 능력과 자질 부족의 인사들로 중요 공직을 채웠다. 하딩은 단지 고향 사람이거나, 오랫동안 친하게 지낸 친구이거나, 과거에 도움을 받았다는 이유뿐이었다.

첫 스캔들은 하딩이 믿었던 '포커내각' 인사이자 친구인 내무장관 알버트 폴로부터 터져 나왔다. 폴은 하딩이 연방 상원의원이었을 때 같은 동료 상원의원으로 카드놀이와 골프와 시시콜콜한 농담을 늘 함께 해왔다. 대통령이 된 하딩은 폴의 능력, 자질, 도덕성 등에 대한 아무런

---

52 Ibid.

검증도 없이 자신과 친하기 때문에 무조건 내무장관에 임명했다. 하딩은 나쁜 습성을 가진 고양이인줄 모르고 단지 친구이기 때문에 그에게 국가의 중요한 생선창고를 맡겼다.

폴은 친구가 대통령이 되자마자 내무장관에 욕심을 냈고 하딩은 아무런 생각 없이 그를 내무장관에 임명했다. 내무장관에 임명되자마자 폴은 부정부패를 저지르기 위한 음모를 계획했다. 당시 미국은 물론 전 세계적으로 석유가 석탄을 대신하여 주요 에너지로 자리잡아가고 있었다. 석유의 편리함에 힘입어 군함을 운영하는 해군은 석유로의 전환을 신속하게 진행하고 있었다. 당시 미국 정부는 해군의 비상연료를 준비하기 위해 캘리포니아주의 엘크힐즈Elk Hills와 와이오밍주의 티폿돔Teapot Dome에 대규모 저장소를 마련하기로 했다. 그동안 대규모 석유회사들은 이런 석유 저장소를 설치하고 그 운영권을 가지고자 했지만 마음대로 되지 않았다. 폴이 내무장관에 임명되자 친구이자 거대 석유회사인 매머드 석유회사의 Mammoth Oil Company사장인 해리 싱클레어Harry F. Sinclair와 범미 석유 및 운송회사Pan-American Petroleum and Transport Company의 사장인 에드워드 도헤니Edward L. Doheny는 폴에게 접근하여

티풋돔 상원 청문회

석유 저장소의 운영권을 넘겨받았다. 물론 그 대가로 폴
은 엄청난 뇌물을 챙겼다.

내무장관이 되자마자 폴은 싱클레어와 도헤니의 청탁
을 받고 곧바로 실행에 옮기기 위해 노력했다. 폴은 대통
령 하딩에게 접근해 해군이 담당하고 있던 석유저장소의
설치와 운영권을 내무부 소관으로 하는 것이 더욱 효과
적이라고 설득했다. 또한 폴은 해군업무에 관한 책임감
이나 능력이 거의 없이 임명된 해군장관 에드윈 덴비Edwin
Denby에게 접근해 석유저장소의 설치와 운영권을 내무부
에 넘겨달라고 요구했다. 물론 폴른 대통령도 그렇게 해
도 좋다는 의견을 피력했다고 덴비에게 말했다. 이런 문
제에 관한 지식이나 관심이 없었던 하딩은 물론 최소한

의 해군업무이외에는 관심이 없었던 덴비도 폴의 말에 쉽게 넘어갔다.

하딩 행정부가 출범한지 채 세 달이 되지 않은 1921년 5월 31일에 하딩은 폴이 작성한 석유저장소의 설치와 운영권을 내무부로 이관한다는 서류에 아무런 의심도 없이 서명했다. 두 달 후 폴은 엘크 힐즈의 운영권을 도헤니에게 넘겨주었다. 도헤니는 대가로 폴에게 100,000달러가 들어 있는 작고 검은 색 가방을 건네주며 "만약 우리가 수백만 달러의 이익을 보지 못한다면 이는 불운일 것입니다"라고 말했다. 얼마 후 폴은 티폿돔 저장소의 관리운영권을 싱클레어에게 넘겨주었다. 역시 싱클레어는 대가로 폴에게 233,000달러의 자유공채와 70,000달러의 현금을 뇌물로 주었다.[53] 하지만 내무장관 폴의 부정행위는 하딩이 죽고 나서야 밝혀졌다.

---

[53] Werner and Starr, *Teapot Dome*은 석유저장소와 관련한 부정부패 내용을 상세하게 설명하고 있다.

(2) 재향군인회 회장 포버스 스캔들

폴이 국가의 석유저장소를 마음대로 유용하고 있는 동안 또 다른 부정행위 스캔들이 저질러지고 있었다. 대통령 하딩의 친구인 찰스 포버스가 재향군인회Veterans' Bureau의 여러 가지 일과 관련하여 노골적으로 부당이득을 취한 사건이었다. 포버스는 1915년 하딩 부부가 하와이를 방문했을 때 만나 줄 곧 친밀한 관계를 유지해 온 사람으로 1차 대전 때 중령이 되었다. 대통령에 당선되자 하딩은 포버스를 단지 친한 친구라는 이유만으로 재향군인회 회장으로 임명했다. 물론 하딩의 포버스의 임명에는 하딩 부인의 영향력이 컸다고 전해진다. 그들이 만난 후 여자들은 남자들 이상으로 친밀한 관계를 유지해 왔다.

미국은 그동안 재향군인회의 역할을 한 여러 기구가 있었지만 1차 대전을 기점으로 그 역할이 크게 확대되었다. 수만 명에 달하는 부상당한 군인들이 여러 구빈원 시설이나 정신병자 보호시설이나 다른 부적절한 보호단체에 무작정 수용되어 있었다. 심지어 어떤 퇴역군인들은 정부로부터 아무런 혜택도 받지 못하는 경우도 있었다.

포버스

그동안 미국은 국가를 위해 일하다가 희생당한 군인들을 위한 통합되고 체계적인 서비스를 제공하는 전담기구를 가지고 있지 않았다. 하딩은 재향군인회라는 기구를 만들어 중복되고 혼동되어 있던 기능을 통합하고자 했다.

새로운 병원을 건립하고 그 병원의 업무를 총괄해야하는 재향군인회의 1921년 예산은 약 5억 달러(2021년의 기준으로 보면 약 75억 달러이다. 우리 돈으로 환산하면 약 9조 7천억 원에 달한다.)에 달했다. 당시 미국에는 재향군인회의 예산을 넘어서는 그 어떤 정부기구도 없었다. 예산이 어마어마했을 뿐만 아니라 직원 수가 3,000명에 달했다. 불필요한 직원 수가 너무나 많았음을 의미했다. 이는 전부는 아닐지라도 포버스가 직원을 선발하면서 다수로부터 뇌물을 받았음을 의미했다. 전후 재향군인회의 필요성에 대한 커진 여론 속에서 말 잘하기로 소문난 포버스의 설득과 무엇보다 친구라면 무조건 믿어버리는 하딩의 무능이 섞여 탐욕적인 고양이가 거대한 생선창고를 지키는 수문장이 되었다.

재향군인회 회장으로 포버스는 엄청난 예산을 관리하고 정부의 의료품과 각종 도구들로 가득한 정부 창고를 관리했다. 나아가 포버스가 조달되는 각종 물품을 검수했기 때문에 그 힘은 실로 막강했다. 포버스는 1921년 8월 9일에 취임해서 1923년 2월 28일까지 재향군인회 회장으로 있었다. 18개월 남짓한 기간에 포버스는 새 병원을 짓는 건설회사로부터 뇌물을 받고 병원 용품을 판매하는 사람들로부터 리베이트를 받아 착복했다. 병원을 짓는 건설회사를 선정하는 것도 포버스가 결정했는데 공개경쟁이 아닌 수위계약으로 친구 회사에 몰아 주었다. 심지어 포버스는 7백만 달러치의 붕대, 환자용 침대, 알코올 등의 의약품을 몰래 빼내 보스턴에 있는 한 회사에 헐값인 단돈 60만 달러에 팔아 착복했다. 포버스의 부당이득은 정확히 어느 정도인지 밝혀지지 않았다.[54]

---

54 Samuel H. Adams, *The Incredible Era* (Boston: Houghton Mifflin, 1939. chapter22.

이렇게 착복한 돈으로 포버스 부부는 워싱턴과 뉴저지 애틀랜틱시티에서 호화로운 파티를 자주 열었다. 물론 하딩 대통령 부부도 시간이 날 때마다 이런 파티에 참석했을 것으로 여겨진다. 포버스 부부가 백악관에서 열리는 포커게임에 거의 예외 없이 참석한 것과 마찬가지였을 것이다. 포버스 부부는 값비싼 차를 여러 대 가지고 있었고 최고급 레스토랑에서만 식사를 했다.

1923년 초 포버스의 이런 부정행위는 대통령의 주치의로 있으면서 백악관에서 함께 포커를 치면서 놀았던 찰스 소여에게 들통 났다. 명색이 의사인 소여는 포버스의 부정행위에 화가나 역시 같은 포커 동료인 법무장관 도허티에게 고자질했다. 소여의 고자질은 포버스가 재향군인회의 운영으로부터 엄청난 뇌물을 혼자 독식한 것에 불만을 품었기 때문이었다. 포버스의 부정행위를 알게 된 도허티는 이 나라 법을 집행하는 최고의 책임자로서 공직자의 불법에 대해 정확한 진상조사를 해야했고 그 결과에 따라 사법처리를 해야만 했다. 하지만 도허티 역시 소여의 마음과 같이 자신의 몫을 나누어 주지 않은 것에 화를 냈다. 도허티는 모든 사실을 하딩에게 알렸다.

포버스는 즉시 백악관으로 소환되었다. 하딩은 평상시 거의 화를 내지 않은 사람이었다. 하지만 맹목적으로 믿

었던 포버스가 한 행위에 화가 머리끝까지 난 하딩은 포
버스를 벽으로 밀쳐 목을 졸랐다. 하딩은 상기된 얼굴로
"이 생쥐같은 비열한 놈! 잡놈! 너는 더 이상…"이라고
외쳤다. 하딩은 화를 냈지만 여론이 두려워 이 스캔들을
폭로하지 않았다. 포버스는 곧바로 사표를 냈다. 사표는
조용히 수리되었고 포버스는 대통령의 묵인 하에 유럽으
로 도망쳤다. 하딩은 친구의 부정행위를 단속한 것에 만
족하고 더 이상 어떤 조치도 취하지 않았다.

공적인 일과 사적인 일을 구분하지 못하는 대통령 하
딩은 침묵했지만 포버스의 행위에 대해 상원은 침묵하지
않았다. 상원은 포버스의 부정행위를 조사하는 조사위
원회를 꾸렸다. 펜실베이니아 연방 상원의원인 데이비드
리드David Reed를 중심으로 한 조사위원회는 포버스가 총 2
백만 달러 이상의 정부 자금을 착복했다고 발표했다. 하
딩은 포버스의 배반에 너무나 큰 상처를 입었다고 한다.
남편이 죽고 나서 얼마 후에 프로렌스는 "남편이 자신과
자신의 행정부에 대한 포버스의 배반으로부터 결코 회복
하지 못했다"고 썼다.[55] 어떻게 생각하면 "상처를 입었다"
는 표현은 국가와 국민에게 너무나 무책임한 말이 아닌

---

55 Kent, *Warren G. Harding*, p.81.

가 생각된다. 앞에서 말했듯이 하딩은 대통령으로 포버스와 같은 저급의 인사를 구분할 수 있는 능력도 없었던 그 자신이 아주 저급의 인물이었기 때문이었다. 하딩이 저급의 인물이었기 때문에 그는 친구라는 이유 하나만으로 막강한 국가예산이 들어가는 일을 무조건 맡겨 버린 것이다. 저급이기 때문에 하딩은 친구의 부정행위를 알고도 아무런 법적 조치를 취하지 않았던 것이다.

포버스의 부정행위에 관한 상원조사위원회가 한창일 때 재향군인회의 법률고문인 찰스 크래머Charles Cramer가 공범혐의를 받고 조사를 받은 후 일주일 만에 자신의 욕실에서 권총자살을 했다. 그 후 미국법원에 소환된 포버스는 재판을 받고 1만 달러의 벌금과 2년의 징역형을 언도받아 복역했다. 포버스가 착복한 2백만 달러에 비하면 조족지혈이다.

(3) 법무장관 도허티의 스캔들

하딩 행정부의 최악의 스캔들은 하딩과 오랜 인연을

맺어온 또 다른 '포커내각' 인사인 법무장관 도허티와 관련한 일련의 사건들이다. 하딩이 대통령이 되자마자 도허티는 법무장관으로 내정되었다. 그때부터 도허티는 그동안 능력이나 자질이 턱없이 부족한 하딩을 대통령으로 만들어 준 대가를 찾을 궁리를 했음이 틀림없다. 법무장관이 되자마자 도허티는 작정을 하고 다양한 루트를 통해 돈을 챙겼다. 도허티는 법무부 산하 인사, 전쟁기와 전쟁 후 쏟아져 나온 각종 소송사건, 독일인의 재산을 관리하는 외국인재산관리국 관련 일 등으로부터 돈이 되는 것이면 물불을 가리지 않고 부당이득을 취했다.

당시 사람들에게 법무부는 불법을 저지르는 매춘부(部)로 불렸다. 도허티는 특히 각종 소송사건을 승소하도록 조치해주는 대가로 뇌물을 받았다. 도허티는 이일을 수족이자 법률고문인 제스 스미스Jess Smith에게 시켰다. 제스 스미스는 워싱턴에서 도허티와 숙소를 함께 사용하면서 지내는 도허티의 오랜 친구이자 하딩이 주선하는 '포커내각'의 멤버였다. 단순한 고문의 입장이었지만 스미스는 도허티가 마련해준 법무부 집무실에서 일했다. 도허티가 돈이 될 수 있는 소송사건을 스미스에게 넘기면 스미스는 '적절한 협상'을 통해 법정 안이나 밖에서 뇌물을 받고 해결을 해주는 식이었다.

법무장관 도허티가 연루된 가장 악명 높은 부정은 전쟁 중에 몰수한 독일인의 재산을 관리하고 있던 외국인 재산관리국과 관련한 사건이었다. 관리국이 관리하고 있는 재산의 총액은 7백만 달러에 달했다. 도허티는 심복인 스미스를 시켜 관리국 재산을 처리하도록 하면서 수수료 명복으로 22만 4천 달러를 챙기도록 했다. 스미스는 그중에서 5만 달러를 오하이오에 살고 있는 법무장관의 친형 맬 도허티Mal S. Daugherty에게 보내 형제끼리 공동으로 개설한 은행 통장에 저축하게 했다.[56] 하딩이 대통령이 되고 도허티가 법무장관으로 임명된 지 일 년이 채 되지도 않은 1922년 초에 법무부가 저지르는 불법행위에 대한 소문이 너무나 자자하여 도허티를 해임하고 그가 불법으로 모은 돈을 몰수해야만 한다는 여론이 들끓었다. 이에 도허티는 기자회견을 자처해 다음과 같이 자신을 변명했다.

나는 지금까지 장관직을 이용해 단돈 30센트도 받지 않았습니다. 앞으로도 나는 수백만 달러를 준다고 해도 이에 응하지 않을 것입니다.[57]

---

56 Adams, *Incredible Era*, pp.323-324.

57 Ibid.

도허티의 변명에도 불구하고 여론은 더욱 악화되었다. 결국 미국 의회는 도허티를 탄핵하고자 하는 결의안을 채택했다. 이에 도허티는 단순한 해명이 아니라 법무부의 권한을 사적으로 이용해 탄핵을 주장하는 의원과 언론인들 상대로 공격인 자세를 취했다. 도허티는 아직 연방수사국FBI로 확대재편되기 전의 법무부수사국BI으로 하여금 조사를 전담하게 했다. 그는 변덕스러운 성격을 가진 사립탐정인 윌리엄 번즈William J. Means와 비밀리에 부리고 있던 부하인 개스턴 민즈Gaston B. Means에게 특별임무를 부여했다. 이에 번즈와 민즈는 법무부의 묵인아래 무단 주거침입과 전화도청을 다반사로 자행했다. 이들은 특히 도허티를 비난하는 데 핵심인물인 몬태나주 연방 상원의원인 버튼 휠러Burton K. Wheeler의 사생활을 파해 쳐 도덕성을 문제 삼았다. 도허티는 타락한 권력자가 정적을 해치는 치졸한 방법들을 버젓이 이용했다. 의회와 언론의 집요한 비난이 있었지만 대통령 하딩은 도허티에 대해 아무런 조치를 취하지 않았다.

당연히 도허티와 스미스의 부정행위에 대한 비난은 멈추지 않았다. 장관인 도허티는 각종 비난을 꿋꿋이 견뎠지만 실무를 행하고 있었던 스미스는 엄청난 스트레스에 시달렸다. 1923년 5월 30일 스미스는 도허티와 함께 거주하고 있던 집에서 권총으로 자살했다. 도허티의 비서인 워렌 마틴Warren E. Martin이 불에 탄 서류뭉치가 들어있는 쇠로 만든 큰 쓰레기통에 머리를 쳐 박고 죽은 스미스를 발견했다. 마틴은 상관인 도허티에게 보고했다. 하지만 도허티는 이를 경찰에 넘기지 않고 사적으로 부리고 있는 윌리엄 번즈를 불러 사건을 처리하도록 했다. 번즈는 아무런 조사도 아무런 부검도 하지 않고 자살이라는 단순 결론을 내렸다. 그러나 시체를 본 스미스의 아내인 록시 스틴슨Roxy Stinson은 남편은 오른 손잡이인데 왼쪽 머리에서 총이 발사되었다는 것은 이해할 수가 없다고 말했다. 후에 이 사건을 검토한 워싱턴의 한 경찰간부는 "이러한 형태로 자살이 이루어질 수 없다"고 말했다.[58] 하딩은 단순 부정사건을 넘어 사람이 죽은 사건에도 침묵했다. 하딩은 도허티의 부하인 스미스의 죽음은 단순 자살이 아님을 알고 있었지만 아무런 조치를 취하지 않았다. 그 덕분에 도허티는 법무장관에 계속 있을 수 있었다.

문제는 모든 국정의 최종적인 책임이 있는 대통령이 자신이 임명한 부하가 온 나라를 뒤 흔드는 부정행위를

---

58 Mark Sullivan, *Our Times*(New York: Scribner's, 1926), p.232, 후에 소설 작가와 텔레비전 방송작가들은 스미스의 자살사건을 흥미 위주로 다루기도 했다. 인기 방송프로였던 'Boardwalk Empire'가 대표된다.

저지른 것을 알고 있었음에도 아무런 조치를 취하지 않은 것은 어떻게 설명해야만 할까? 하는 점이다. 어리석음, 무관심, 무능, 소심, 아집, 게으름, 능력부족, 아니면 일말의 순진함 … 그것이 무엇이든 이중에서 국가 최고 리더인 대통령에게 어울리는 단어는 아무 것도 없다. 하딩은 여기에 하나를 더했다. 하딩은 무엇이 문제이고 그 문제를 해결하려는 의지를 조금도 보이지 않고 골치 아픈 문제로부터 벗어나기 위한 현실도피를 선택했다.

07

하딩의 현실도피 여행, 그의 죽음, 그리고 스캔들 사후처리

"이해를 하기 위한 항해"가 아닌 현실도피

정말 무관심하고 무능하고 순진한 바보라고 밖에 할 수 없는 하딩도 대통령으로 직무를 시작한지 2년이 조금 지난 6월이 되자 저주받을 친구들이 저지른 부정행위에 더 이상 눈감고 있을 수가 없었다. 노정되어 나온 부정행위의 핵심은 모두 하딩 자신이 믿고 임명한 인사들과 관련된 사건이었다. 이들은 모두 자신과 시시덕거리며 금지된 알코올을 마시며 놀았던 '포커내각' 인사들이었다. 포버스의 재향군인회 스캔들, 크래머와 스미스의 자살, 법무장관 도허티의 부정행위에 대한 소문, 그리고 석유 저장소의 설치와 운영과 관련된 내무장관 폴의 부정행위가 속속들이 드러나면서 하딩은 이제 이런 문제들을 그냥 무시하고 내버려 둘 수가 없었다.

믿었던 친구들로부터 배반당한 하딩은 한동안 얼이 빠져 있다가 이런 난국으로부터 벗어나기 위한 조치를 취했다. 하딩은 과거에 자신이 아프고 힘이 들면 종종 사용했던 방법을 생각했다. 바로 이러한 골치 아픈 문제로부터 벗어나기 위해 하딩이 선택한 것은 장기간의 휴가여행이었다.

　부정부패의 스캔들이 온 나라를 뒤 흔들고 있는데 국정 최고 책임자가 휴가여행이라니! 그것도 그런 골치 아픈 문제를 듣기도 보기도 싫어서 떠나는 현실도피 여행이라니! 도허티의 심복으로 법무부 고문인 스미스의 자살로 흘린 피가 마르기도 전인 6월 20일 하딩은 특별열차 '수펄버'를 타고 두 달간의 장기여행을 떠났다. 하딩은 자신과 함께 여행할 사람을 직접 골랐다. 퍼스트 레이디 플로렌스, 상무장관 후버, 주치의 소여, 소여의 조수 조엘 부운Joel T. Boone, 그리고 친구인 몇 명의 하원의원과 여러 참모들이 하딩의 여행에 동참했다.

　하딩은 여행을 떠나면서 이 여행을 "이해를 하기 위한 항해"로 불렀다. 무엇을 이해한단 말인가? 믿었던 친구들이 저지른 부정행위를 그냥 이해한단 말인가? 하딩 자신에게 관련된 사적 영역이 아니라 국가운영이라는 공적 영역에서 벌어진 부정부패를 그냥 이해한단 말인가? 대통령으로서 자질과 능력이 부족 때문인지, 아니면 무능과 게으름의 소산인지, 어리석음이나 순진함 때문인지 하딩은 들끓고 있는 부정행위에 대한 그 어떤 조치도 취하지 않고 무조건 워싱턴을 떠났다. 골치 아픈 현실로부터 도망가는 도피여행을 떠났던 것이다.

하딩은 서부해안과 알래스카를 다녀올 예정이었다. 여행을 하면서 들리는 역마다 하딩은 일반시민을 대상으로 연설을 했다. 여행을 하면서 하딩이 주로 연설한 주제는 미국이 전쟁 후 새로 마련된 상설국제사법재판소Permanent Court of International Justice의 회원으로 가입해야만 한다는 것이었다. 하지만 당시 고립주의가 대세였던 미국은 국제연맹과 더불어 이 기구에 대한 가입을 철저하게 반대하고 있었다. 온 나라의 관심은 나라를 뒤흔들고 있는 하딩 행정부의 부정부패 사건들인데 하딩 대통령은 이에 대한 언급은 전혀 없었다. 그럼에도 대통령을 직접 보고 그의 이러저러한 연설을 들은 군중들은 하딩에게 환호했다. 심신이 피곤했지만 군중들의 환호와 악수에 지칠 줄을 몰랐다. 이때 하딩이 재선을 염두에 두고 에너지를 불사른 것으로 보는 연구자들도 있다. 충분히 그럴 수 있다고 생각한다. 얼마 후 죽을 운명인데 … 가장 깊은 심해는 알 수 있어도 한 치 앞의 운명은 알 수 없는 것이 인간인데 ….

여행을 하면서 하딩은 애써 부정사건으로부터 벗어나고자 했지만 그럴 수가 없었다. 내무장관 폴의 타락에 대한 소문이 돌고 있는 가운데 폴의 부인이 대통령 하딩도 큰 독직사건에 연루되었지만 이를 감추고 있다고 폭로했다. 하지만 대통령에 대한 폭로는 입증되지 않았다. 하딩은 대통령의 여행일정을 따라다니는 기자들 앞에 서기는 했지만 부정사건에 대해서는 한마디도 하지 않았다. 하지만 하딩이 믿었던 친구들이 저지른 부정행위를 잘 알고 있다는 점과 이로 인해서 극심한 스트레스를 받고 있는지를 확인할 수 있는 증언이 있다. 당시 유명한 언론인인 윌리엄 알렌 화이트William A. White는 하딩이 여행 중 어느 날 개인적으로 자신을 불러 이렇게 말했다고 한다.

나는 지금까지 나의 적들로 인해 단 하나의 곤란함도 당하지 않았습니다. 그동안 나는 나의 적들을 잘 관리해왔습니다. 사실입니다. 하지만 나의 친구 놈들! 이 저주받을 나의 친구 놈들! 이들은 내가 밤에 잠들지 못하고 이리저리 돌아다니게 만든 놈들입니다.[59]

하딩은 알래스카를 방문한 미국 최초의 대통령이었지만 여행 도중 자신의 친구나 측근들의 부정행위에 대한 비난을 듣지 않을 수가 없었다. 하딩은 격심한 스트레스에 시달렸다. 그럼에도 하딩은 미국 수송선인 '핸드슨USS Henderson'호를 타고 알래스카를 방문했다. 4일 간의 여행

---

59 William A. White, *The Autobiography of Allen White*(New York: Macmillan, 1946), p.619.

에서 하딩은 상무장관인 후버와 자주 동석했다. 하딩은 후버에게 다음과 같이 물었다.

만약 당신(후버)이 우리 행정부의 거대한 소용돌이를 일으키고 있는 부정 스캔들의 진실을 알고 있다면 … 이 부정 스캔들을 없었던 일로 하거나 무마해 버리는 것이 나은지? 아니면 그것을 공개하는 것이 나은지? 어떻게 생각하시나요?[60]

후버는 대통령의 질문에 무뚝뚝하게 대답했다.

공개하십시오. 최소한 당신(하딩)의 도덕성에 대한 신용은 구할 수 있을 것입니다.[61]

후버의 조언에 하딩은 아무 말도 하지 않았다. 이미 드러났고 또 드러나고 있는 부정 스캔들로 인해 하딩이 고통 받고 있다는 분명한 증거였다. 알래스카의 원시 해안, 만년설과 빙하, 아름다운 숲 등 오염되지 않은 자연이 계속해서 펼쳐졌는데도 하딩은 즐겁지 않았다. 다른 사람

---

60 Herbert Hoover, *Memoirs of Herbert Hoover* vol. 2 (New York: Macmillan, 1952), p.49.

61 Ibid.

들은 쉬어가며 카드놀이를 했는데 하딩은 조금도 쉬지 않고 카드놀이에 빠졌다. 후버는 대통령이 무엇인가로부터 벗어나기 위한 그런 행동 같았다고 말했다. 현실도피 그것이었다.

하딩의 죽음

조금도 즐겁지 않은 상태에서 하딩은 시애틀 숙소로 돌아왔다. 그런데 갑자기 심한 경련을 일으켰다. 응급조치를 받고 조금은 안정된 상태에서 그곳을 출발하여 샌프란시스코 팔레스 호텔에 도착했다. 이미 하딩의 몸과 마음은 쇠진한 상태 그 자체였다. 당시 나이 57세에 불과했지만 하딩의 모습은 상노인처럼 보였고 그도 노인처럼 행동했다. 동행한 소여의 조수인 조엘 부운이 대통령을 극진히 보살펴 한 이틀 동안 건강이 회복되는 것 같았다. 그럼에도 부운은 대통령이 심장병 증세가 있다고 걱정했다. 하지만 주치의 소여는 부운의 진단을 무시하고 대통령은 단지 식중독과 신체적 고갈을 겪고 있다고 말했다.

하딩은 1923년 8월 2일 호텔 스위트룸에서 휴식을 취하고 있었다. 옆에서 플로렌스가 『세터데이 이브닝 포스터*Saturday Evening Post*』에 실린 모처럼의 반가운 기사를 소리 내어 읽었다. 그것을 듣고 있던 하딩은 "그거 좋군요. 계속해요. 더 읽어 보세요"라고 말했다. 얼마를 더 읽다가 플로렌스는 잠시 방을 비웠다. 그 사이에 물을 가지고 들어 온 간호사가 하딩 대통령의 머리가 베개에 쓰러져 있는 것을 발견했다. 직감적으로 대통령이 죽었다는 것을 느꼈고 사람들에게 알렸다

급히 달려 온 소여는 이전에도 종종 대통령이 심장병을 앓았고 사인이 심장병이라고 발표했다. 물론 플로렌스는 소여의 발표에 아무 말을 하지 않았다. 오늘날 대부분의 의사들이나 연구자들은 하딩의 죽음 원인은 심장병이라는데 동의하고 있다. 하지만 도허티의 친구로 종종 백악관 '포커내각'에 함께하고 법무부의 잡일을 하고 있던 개스턴 민즈는 후에 하딩 대통령의 죽음에 대해 으스스한 주장을 했다. 남편의 부패사건의 연루와 혼외정사를 알고 있었던 아내 플로렌스가 남편을 불명예로부터 구해주기 위해 주치의 소여와 짜고 독살했다는 주장이었다.[62] 하지만 민즈의 주장은 입증되지 못했다.

---

62 Gaston Means, *The Strange Death Of President Harding: From The Diaries Of Gaston B.*

국민들은 하딩의 예기치 못한 죽음에 애도했다. 대부분의 국민들은 당시에는 아직 하딩 행정부에서 저질러진 각종 부정부패의 진실을 거의 모르고 있었다. 하딩의 시체를 실은 열차가 대륙을 가로질러 워싱턴에 도착하기까지 철로 주변에는 애도하는 군중들로 가득 찼다. 의사당 로툰다 홀에 마련된 하딩의 빈소에는 대통령으로 승격한 쿨리지, 하딩의 몇몇 가족, 그렇게도 좋아했던 친구, 그리고 소수의 고위 관리들만 모여 하딩의 관 앞에 도열했다. 그리고 5시간 동안 대중에게 관을 공개하여 수천 명의 사람들이 애도했다. 그러는 동안 하딩의 부인 플로렌스는 아무 말 없이 남편의 관 옆에 서 있었다. 하딩의 관 뚜껑이 마지막으로 닫히기 전에 플로렌스는 죽은 남편의 볼을 비비면서 "이제 당신에게 상처 줄 사람은 없어요. 우어렌"이라고 속삭였다.[63] 현실도피가 완벽하게 이루어졌다.

그날 밤 하딩은 워싱턴으로부터 고향 오하이오 마리온으로 마지막 여행을 했다. 고향에 도착하자 교회 종이 울렸고 수많은 사람들이 눈물을 흘리며 애도했다. 하딩의

Means(New York: Papamoa Press, 2018). 민즈는 1930년에 당시 감옥에서 복역 중에 이 책을 출판했다.

63 Russel, _The Shadow of Blooming Grove_, p.597.

시체를 운구하는 사람들이 아직도 살아 있는 하딩의 아버지 트라이언이 살고 있는 집으로 모셔갔다. 다음 날 하딩은 마리온 시 묘지에 안장되었다.

남편 장례식을 마치고 플로렌스는 백악관으로 돌아와 하딩이 집무하던 방과 책상을 깨끗하게 청소했다. 그녀는 수천 통에 달하는 남편의 편지를 불태웠다. 각종 서류와 다른 것들은 한 면이 3미터인 큰 상자 10개에 포장되어 마리온으로 보내졌다. 그곳에서 그녀는 6주 동안이나 내용을 정리했는데 남편의 명성에 오점이 될 수 있는 것들은 모두 파기하고 단지 2개 상자정도만 남겼다. 이러한 경향은 1974년까지 일반적으로 행해졌다. 하지만 워터게이트 사건으로 사임한 닉슨이 자신과 관련된 각종 기록물을 개인적으로 마음대로 처리하자 이에 대한 문제점이 대대적으로 인식되었다. 미국의회는 닉슨이 사임한 지 두 달 후인 10월에 "대통령 기록물에 과한 특별법"을 만들어 취급하고 있다. 이법은 대통령 기록물은 모두 개인소유가 아닌 정부소유라는 것을 명확히 했다.[64]

---

64 김형곤, 『리처드 닉슨』(서울: 한올, 2022)

스캔들 사후처리

아내 플로렌스는 남편에게 오점이 될 수 있는 것들을 불태워 버렸지만 모든 것을 사라지게 할 수 없었다. 하딩이 죽고 두 달 뒤 상원은 티폿돔 사건을 조사하기 시작했다. 하딩의 머뭇거림, 뜻밖의 그의 죽음, 또 다른 두 달 등은 티폿돔 부정행위 관련자들로 하여금 사건의 전말에 물 타는 시간을 만들어 주었다. 1920년 이후 해군 전함의 석유사용은 물론 자동차의 급증은 석유의 중요성이 크게 증가하고 있는 가운데 국가의 석유저장고를 소유한 석유회사는 엄청난 이익을 보게 된 것은 분명했다.

애당초 내무장관 폴은 서부지역을 정부소유로 생각하지 않았다. 특히 그는 서부지역에 이는 자연자원은 개인기업도 소유할 수 있어야 한다고 믿었다. 이런 믿음으로 폴은 사전작업을 통해 해군장관 덴비와 대통령 하딩을 구워삶았다. 결국 폴은 그동안 석유저장소의 설치와 운영을 해군이 해오던 것을 내무부로 바꿀 수 있었다. 이제 내무장관 마음대로 할 수 있었다. 이미 말한 바와 같이 폴은 정부 석유저장소의 설치와 운영을 친구이자 대규모 석유회사 사장인 도헤니와 싱클레어에게 넘겨주었다. 그 대가로 도헤니와 싱클레어는 폴에게 약 40만 달러 이상 의 뇌물을 주었다. 폴은 이 돈으로 뉴멕시코주에 훌륭한 목장을 구입했다. 그리고 폴은 자신을 믿었던 대통령 하 딩을 여지없이 버렸다. 폴은 1923년 3월에 특별한 이유 도 밝히지 않고 내무장관직에서 사임했다.

일명 '티폿돔 스캔들'로 알려진 정부 석유저장소 부정 사건은 하딩이 죽고 한참 뒤인 1924년이 되어서야 사악 한 부정행위의 전모가 드러나기 시작했다. 하지만 의회 조사는 용두사미에 그치고 말았다. 당시 한 신문기자는 티폿돔 스캔들에 대한 조사를 다음과 같이 말했다.

상원의 시작은 화려했지만 … 공화당도 민주당도 단지 석유 냄새만 맡았을 뿐이다.[65]

폴은 법정에서 "적법한 절차에 의한 정부의 권한 남용 에 대한 보호를 규정"하고 있는 헌법 수정조항 5조의 내 용을 인용하며 무죄를 주장했다. 하지만 폴은 뇌물을 받 은 것이 분명하다는 이유로 1년 형을 언도받고 투옥되었 다. 뇌물을 준 싱클레어와 도헤니는 티폿돔 사건으로는

---

65 Kent, *Warren G. Harding*, p.89.

무죄를 선고받았지만 다른 사건으로 구속 기소되었다.

해군장관 덴비 역시 이 사건으로 의회조사를 받았다. 내무장관 폴의 말에 아무런 의심도 하지 않고 석유저장소의 운영권을 넘겨준 덴비 역시 "무능"과 "어리석음" 때문에 탄핵을 받아야 한다는 여론이 들끓었다. 하지만 조사를 담당했던 몬태나주 상원의원인 토머스 월시Thomas J. Walsh가 "내가 아는 한 어리석음은 탄핵의 대상이 되지 않습니다"라는 말과 함께 덴비에 대한 비난은 줄어들었다. 덴비는 하딩의 잔여임기 동안 해군 장관으로 있었다. 여기에서 재미있는 상상력이 발동한다. 만약 하딩이 죽지 않고 살아 있는 상태에서 각종 부정 스캔들에 대한 조사를 받았으면 어떤 판결을 받았을까? 아마도 월시가 말이 반복되지 않았을까?

하딩이 죽고 또 다른 조사가 연이어 이루어졌다. 유럽으로 도망간 포버스가 조사를 받기 위해 돌아왔다. 포버스는 자신만큼 퇴역군인들을 위해 열심히 일한 사람은 없다고 말하면서 자신이 무죄라고 주장했다. 하지만 재향군인회 회장으로 있는 동안 저지른 각종 부정 사건에 관한 증거가 속속들이 밝혀지면서 포버스는 구속되었다. 그런데 포버스가 착복한 액수가 총 2백억 달러에 달하는데 그는 고작 1만 달러의 벌금을 판결 받았다. 그리고 2

년 형을 언도받아 연방 교도소에서 복역했다. 그것으로 끝이었다.

　조사는 역시 법무부와 법무장관 도허티에 대해서도 이루어졌다. 도허티의 친구이자 사적으로 부리고 있는 사람인 제스 스미스가 왜 자살을 했는지? 그가 죽기 전에 불태워 버린 서류의 내용이 무엇인지? 또 스미스가 죽기 전에 왜 상관인 도허티의 오하이오에 있는 은행구좌에 4만 달러를 입금했는지? 이러한 일련의 사건들은 법무부가 전쟁 때 빼앗은 외국인재산 관리를 하면서 발생한 것이 아닌지를 심문받았다. 하지만 도허티는 이와 관련하여 아무런 잘못도 없다고 주장했다. 그뿐만 아니라 그는 각종 서류를 파기해 버렸다. 대배심원 단이 꾸려져 도허티의 유무죄를 판결토록 했으나 결국 도허티는 증거불충분으로 무죄판결을 받았다. 도허티는 당분간 장관직을 유지할 수 있었으나 법무부의 부정행위로 여겨지는 관련 자료 제출을 거부하자 하딩을 계승한 쿨리지는 그를 해임해 버렸다. 해임되기 전 도허티는 법무부의 각종 자료는 국가안보에 피해를 줄 수 있는 자료이기 때문에 제출할 수 없다고 주장했다.

08

하딩 대통령 평가

"어리석음은 탄핵의 대상은 아니지만" …

　대통령으로 있을 때 하딩이 뇌물을 받았거나 직접 부정행위 음모에 가담했다는 증거는 없다. 하지만 그가 임명한 주요 인물 중 다수가 그들에게 주어진 권력을 남용하고 국민을 배반한 것은 분명했다. 대통령이 되면서 하딩은 자신의 머리가 좋지 않음을 인식하고 좋은 머리를 살 수 있다고 말했지만 이는 소수에 그치고 대부분은 친구나 잘 알고 지낸 사람으로 인사를 채웠다. 그리고 친구이기 때문에 잘 알고 지낸 사람이기 때문에 그냥 그들을 믿어버렸다. 시간이 지나면서 자신이 임명한 인사들의 부정부패가 분명한데도 불구하고 하딩은 침묵했다. 그는 침묵했을 뿐만 아니라 골치 아픈 그런 사안으로부터 벗어나기 위해 현실도피를 선택했다.

　그가 살아 있을 때부터 시작된 대통령으로서의 하딩에 대한 평가는 일관적이다.

　하딩 행정부는 오염되었다. 그런 오염이 하딩에게 퍼지게 만들었다. 대부분의 사람들은 하딩이 자신의 주위에서 진행되고 있는 부정행위 스캔들을 알고 있었다고 믿었다. 하지만 그는 자신이 대통령임에도 단 한발자국도 앞으로 나아가지 못했다. 말하자면 그는 최악의 판단력을 가지고 있었다. 그러한 판단력으로 하딩은 진실을 은폐함으로서 자신과 자신의 친구를 보호할 것이라 믿었다.[66]

해군장관 덴비의 탄핵 건을 말하면서 "어리석음은 탄핵의 대상이 되지 않는다"는 월시의 말이 대통령인 하딩에게도 해당될 수 있는지 궁금하다.

이미 살펴보았지만 하딩의 평판은 1927년에 크게 요동쳤다. 하딩의 어린 애인 낸 브리턴이 『대통령의 딸』이라는 제목의 책을 발간했기 때문이었다. 이 책은 하딩과 브리턴의 연애사를 주로 다루고 있었고 그녀가 키우고 있는 딸 엘리자베스가 하딩의 자식이라고 주장하고 있었기 때문이었다. 많은 사람들은 이런 류의 이야기나 글을 너무나 좋아했다. 곧바로 이책은 베스트셀러가 되었다. 사람들은 나쁜 평판을 받고 있는 전직 대통령의 세세한 이야기에 너무나 열광했다. 그도 그를 것이 브리턴의 책에는 마치 포르노그라피를 연상케하는 내용이 여기저기에 등장했다.

---

66 Ibid, 91.

내가 백악관을 처음 방문했을 때 대통령은 나에게 이렇게 속삭였다. 이곳은 우리가 안전하게 키스를 나눌 수 있는 곳이다. 이곳은 잘 꾸며진 작고 은밀한 장소로 달콤한 애인과 사랑을 나누기에 참으로 좋은 장소다.[67]

이는 역사의 아이러니 같다. 많은 학자들은 국가의 주인은 국민이라고 말하고 있지만 … 정작 주인인 국민들은 하딩 대통령에 대한 본질적인 면은 멀리하고 다소 가십적이고 말초신경을 자극하는데 열중하는 것은 … 국가의 주인이 과연 국민인가 싶다.

최악의 대통령인 하딩도 기념을 할 수 있는가?

역사의 본질은 과거의 사실에 대한 포폄(襃貶)기능이다. 잘 된 것은 더욱 잘할 수 있도록 격려하고, 잘못된 것은 다시는 그런 잘못이 일어나지 않도록 반성하는 그런 기능이다. 실패하고 최악의 대통령으로 평가받고 있는 하

---

67 Charles L. Mee, Jr., *The Ohio Gang*(New York: M. Evans, 1981), p.115재인용.

딩과 같은 대통령도 역사의 폄(貶)의 기능에 충실하기 위해서는 그에 대한 세세한 연구와 평가가 필요하다. 하지만 우리가 어떤 것을 기념하는 것은 역사의 포(襃)의 기능을 충족하기 위함이다.

그런데 또 다시 역사의 아이러니 같은 일이 일어났다. 하딩이 죽고 몇 주가 지나고 나서 그의 고향 마리온에 하딩 기념관을 세우기 위한 기부금 모금운동이 전국적으로 일어났다. 마리온에는 하딩 기념관을 건립하기 위한 한 위원회가 구성되었다. 대부분이 침묵했지만 한 위원이 기념관 건립 계획을 보고 이렇게 말했다.

하나님 맙소사! 여러분은 이걸 건립하려고 생각하십니까? … 여기에 어떤 방향이 정해져 있나요? 당신들이 생각하고 있는 것이 무엇입니까? 혹시 티폿돔인가요? 재향군인회 건인가요? 아님 다른 그 무엇이 있나요?[68]

우여곡절 끝에 거대한 기념비가 하딩의 무덤 앞에 세워졌다. 1927년에 하딩의 기념관이 완성되었을 때 하딩의 평가는 곤두박질쳤다. 당시 대통령인 쿨리지가 하딩 기념관 준공식에 참석하지 않은 것이 주요 원인이었지

---

68 Adams, *Incredible Era*, pp. 433-434.

만 브리턴의 책이 출간되었기 때문이었다. 준공식에 참석한 한 기자는 "하딩의 기념관은 배수로에 버려진 걸레조각에 불과하다"고 말했다.[69] 자신이 대통령이었기 때문에, 자신이 어떤 조직의 장(長)이었기 때문에 무조건 기념할 수 있는 것이 아니다. 역사와 후대의 평가가 과연 그가 대통령으로 있을 때 혹은 장으로 있을 때 기념할만한 그 어떤 포(褒)가 있을 때 기념을 하는 것이다. 이것은 역사의 진리다. 그래서 기념보다 역사관이 필요치 않을까? 생각한다.

하딩은 미국 대통령에 대한 평가가 시작되고 나서부터 지금까지 단 한 번도 꼴지 평가를 벗어나 본적이 없다. 전국적인 여론조사에 의한 평가인건, 개인 연구자에 의한 평가인건 하딩 대통령은 매번 꼴지 평가를 받고 있다. 윌리엄 리딩스William J. Ridings, Jr.와 스튜어트 머기버Stuart B. McIver가 주도로 실시한 여론조사의 평가를 보면 하딩은 다섯 가지 평가기준인 리더십, 업적과 위기관리능력, 정치력, 인사, 성격과 도덕성에서 모두 꼴지로 평가받고 있다.[70]

---

69 Kent, *Warren G. Harding*, p.92.

70 William J. Ridings, Jr., and Stuart B. McIVER, 김형곤 옮김, 『위대한 대통령 끔찍한 대통령』(서울: 한언, 2000).

나오며

　대통령이라는 지위는 당대에 발생하는 국내외의 큰 사건과 문제에 정통하고 그것을 해결하기 위한 고도의 관심을 기울여야 한다. 물론 대통령이라고 해서 모든 것에 정통할 수는 없다. 그러면 대통령은 그 문제에 정통한 인사를 중용하여 그로 하여금 문제를 해결할 수 있도록 해야 한다.

　전국시대 제나라 환공(桓公)이 사냥과 낚시를 다녀온 후 거대한 호랑이와 큰 구렁이로 인해 나라가 상스러워 망할 것 같다고 투덜거렸다. 이에 제상인 안자(晏子)가 환공에게 이렇게 말했다. "호랑이와 구렁이는 그곳에 살고 있었기 때문이지 이는 나라를 망하게 하는 것과는 아무런 관련이 없다"고 말했다. 계속해서 안자는 "나라를 망하게 하는 것은 세 가지 때문인데, 첫째, 나라에 현명한 사람이 있는 줄 모르고 정치를 하는 것이고, 둘째, 현명한 사람이 있는 줄 알면서 그를 쓰지 않는 것이고, 셋째, 그를 쓰더라도 중용하지 않는 것"이라고 말했다. 안자의 진언을 받아들인 환공은 제나라를 크게 발전시켰다.

하지만 애석하게도 하딩은 그렇지 못했다. 하딩은 국정운영에 동반되는 요직에 단지 친구라는 이유만으로 '오하이오 갱(Ohio Gang)'으로 불리는 그들을 중용했다. 그리고 세계대전 후 복잡다단하게 전개되고 있었던 국내외 문제에 무관심했다. 자신은 골프, 포커, 불법으로 밀조된 버번위스키, 말 잘 듣는 어린 여자에게만 관심을 쏟았다. 하딩은 언젠가 스스로가 말한 것처럼 자신이 대통령직을 수행할만한 능력이 없었다. 하딩은 작은 마을에서 작은 조직을 운영하며 찾아오는 시시콜콜한 사람들과 카드놀이를 하며 시시덕거리는 사람으로 적합했다. 그런데 당시 국민들은 그런 하딩을 자신들의 대통령으로 선택했고 그 선택의 결과는 오롯이 국민들의 몫이었다.

하딩은 작은 지역만을 날 수 있는 작은 벌새였다. 그런데 그 작은 벌새에 미국 전역은 물론 바다 건너 온 세계를 날아다녀야 하는 큰 날개를 다니 어떻게 되겠는가? 하딩은 그저 평범한 인간들이 할 수 있는 일보다 훨씬 중요하고 훨씬 많은 일을 해야만 하는 일 속에서 허우적거린 인간이었다. **하딩은 작은 달팽이에게 큰 소라껍질을 뒤집어 씌운 꼴이었다.** 미국에도 이런 대통령이 있었다.

참고문헌

Coolidge, Calvin. Telegram to Samuel Gompers. September 14, 1919.

Harding, Warren. *Address to Congress Requsting a Declaration of War Against Germant.* April 2, 1917.

_____. *U.S. Senator from Ohio, Encouraging Reservations to the League of Nations Covenant.* November 11, 1919.

_____. "National Ideals and Policies," *The Protectionist.* May, 1920.

_____. *Address to a Joint Session of Congress of on Urgent National Problem.* April 12, 1921.

Inaugural Address of Warren G. Harding. March 4, 1921.

Adams, Samuel H. *The Incredible Era. Boston*: Houghton Mifflin, 1939.

Canadeo, Anne. *Warren G. Harding.* Oklahoma: Synthegraphics Corporation, 1990.

Kent, Deborah. *Warren G. Harding.* New York: Children's Press, 2004.

Fausold, Martin L. *James W. Wadsworth, Jr.: The gentleman from New York.* New York: Syracuse University Press, 1975.

Dean, John. *Warren G. Harding.* New York: Time Books, 2004.

Britton, Nan. *The President's Daughter.* New York: Ishi Press, 2008.

Longworth, Alice R. *Crowded Hours.* New York: Scribner's, 1933.

Russel, Francis. *The Shadow of Blooming Grove.* New York: MaGraw-Hill, 1968.

Werner, Morris R. and Starr, John. *Teapot Dome.* New York: Literary Licensing, LLC, 2012.

Mee, Charles L. Jr. *The Ohio Gang.* New York: M. Evans, 1981.

Sullivan, Mark. *Our Times*. New York: Scribner's, 1926.

White, William A. *The Autobiography of Allen White*. New York: Macmillan, 1946.

Hoover, Herbert. *Memoirs of Herbert Hoover* vol.2. New York: Macmillan, 1952.

Sinclair, Andrew. *The Available Man*. New York: Macmillan, 1965.

Means, Gaston. *The Strange Death Of President Hading: From The Diaries of Gaston B. Means*. New York: Papamoa Press, 2018.

Havighurst, Walter. 조성규 역. 『오하이오 200년사』. 서울: 신아사, 1987.

Miller, Nathan. 김형곤 역, 『이런 대통령 뽑지맙시다』. 서울: 혜안, 2002.

Ridings William J. Jr. and McIVER, Stuart B.김형곤 옮김, 『위대한 대통령 끔찍한 대통령』. 서울: 한언, 2000.

김형곤. 『리처드 닉슨』. 서울: 한올, 2022.

국민을 불행하게 만든 대통령들 10인 시리즈 ④

워렌 하딩

초판 1쇄 발행 2024년 6월 25일

저자   김형곤
펴낸이   김주래
펴낸곳   두루 출판사
등록   396-95-02021
주소   서울시 용산구 효창원로 17
전화   010-8767-4253
전자우편 kjla12@naver.com
ISBN   979-11-987424-0-7

* 저자와 협의하여 인지를 붙이지 않습니다.